Palavras de despedida

BENJAMIN
FERENCZ

Palavras de despedida

9 LIÇÕES PARA UMA VIDA EXTRAORDINÁRIA

Sextante

Título original: *Parting Words*
Copyright © 2020 por Benjamin Ferencz
Copyright da tradução © 2021 por GMT Editores Ltda.

Publicado originalmente em 2020 na Grã-Bretanha pela Sphere, um selo da Little, Brown Book Group.

Todos os direitos reservados. Nenhuma parte deste livro pode ser utilizada ou reproduzida sob quaisquer meios existentes sem autorização por escrito dos editores.

tradução: Marcelo Schild

preparo de originais: Luíza Côrtes

revisão: Ana Grillo e Tereza da Rocha

diagramação: Valéria Teixeira

capa: Sophie Harris – LBBG

adaptação de capa: Natali Nabekura

imagem de capa: © Visual Scientist/Stocksy

impressão e acabamento: Cromosete Gráfica e Editora Ltda.

CIP-BRASIL. CATALOGAÇÃO NA PUBLICAÇÃO
SINDICATO NACIONAL DOS EDITORES DE LIVROS, RJ

F39p
    Ferencz, Benjamin, 1920-
        Palavras de despedida : 9 lições para uma vida notável / Benjamin Ferencz, Nadia Khomami ; [tradução Marcelo Schild]. - 1. ed. - Rio de Janeiro : Sextante, 2021.
        144 p. ; 21 cm.

        Tradução de: Parting Words
        ISBN 978-65-5564-230-8

        1. Ferencz, Benjamin, 1920-. 2. Advogados – Biografia – Estados Unidos. 3. Processos (Crime de guerra) – Alemanha – Nuremberg. 4. Técnicas de autoajuda. 5. Autorrealização. I. Khomami, Nadia. II. Schild, Marcelo. III. Título.

21-72688   CDD: 923.473
                                    CDU: 929:347.965(73)

Camila Donis Hartmann - Bibliotecária - CRB-7/6472

Todos os direitos reservados, no Brasil, por
GMT Editores Ltda.
Rua Voluntários da Pátria, 45 – Gr. 1.404 – Botafogo
22270-000 – Rio de Janeiro – RJ
Tel.: (21) 2538-4100 – Fax: (21) 2286-9244
E-mail: atendimento@sextante.com.br
www.sextante.com.br

Para minha querida esposa, Gertrude,
que nos deixou em setembro de 2019
depois de 74 anos de um casamento
feliz, sem uma única discussão
em toda a nossa parceria amorosa.

SUMÁRIO

INTRODUÇÃO, 9

1 **SOBRE SONHOS**
Você não precisa seguir a multidão, 21

2 **SOBRE EDUCAÇÃO**
Aprenda onde você estiver, 33

3 **SOBRE CIRCUNSTÂNCIAS**
Use as próprias forças para se levantar, 47

4 **SOBRE A VIDA**
O caminho é sempre sinuoso,
nunca uma linha reta, 59

5 **SOBRE PRINCÍPIOS**
Escolha ser bom, 71

6 **SOBRE A VERDADE**
Sempre diga a sua, mesmo que
ninguém esteja ouvindo, 79

7 **SOBRE O AMOR**
Há coisas mais importantes do que salvar o mundo, 93

8 **SOBRE RESISTÊNCIA**
Dê mais um empurrãozinho na pedra montanha acima, 109

9 **SOBRE O FUTURO**
Olhos atentos no horizonte e mãos no leme, 127

AGRADECIMENTOS, 141

INTRODUÇÃO

Muitas vezes pergunto a Ben Ferencz por que ele é tão bem-humorado.

– Se você está chorando por dentro, é melhor estar rindo por fora, garota. Não há sentido em se afogar nas próprias lágrimas – responde ele.

Antes, eu imaginava a história como algo restrito aos livros e aos fotogramas em preto e branco que nos mostram na escola. As imagens de guerra, destruição e regeneração parecem extremamente distantes da nossa realidade, mas os protagonistas que ajudaram a moldar o mundo nem sempre são personagens exuberantes de uma era passada, anterior ao triunfo do bem sobre o mal.

A primeira vez que deparei com Ben foi por puro acaso. Certa noite, estava passando os canais de notícias dos Estados Unidos e o vi em uma reportagem. Na época, eu era repórter do *The Guardian* em Londres, e as palavras dele despertaram meu interesse. Quando pesquisei sobre ele, fiquei surpresa ao descobrir sua importância e a profundidade de seu conhecimento.

Em um vídeo feito no tribunal principal do parcialmente restaurado Palácio da Justiça em Nuremberg – outrora o local de manifestações nazistas anuais –, assisti a Ben, o promotor geral – um homem conciso e determinado de 27 anos, de baixa estatura, escondido atrás de um pódio de madeira –, abrir o maior julgamento de homicídio da história. Os 22 membros dos *Einsatzgruppen*, esquadrões de extermínio nazistas responsáveis pela morte de mais de 1 milhão de judeus e de outras minorias, encaravam-no do banco dos réus.

Não sei exatamente por que aquilo me tocou, mas senti um desejo repentino de pegar o telefone e ligar para ele. Talvez tenha sido porque eu estava com a mesma idade que ele tinha na época daqueles julgamentos, há mais de setenta anos. Ou por causa da natureza da notícia. Com o voto da Inglaterra para deixar a União Europeia e os Estados Unidos elegendo uma personalidade de um reality show televisivo como seu 45º presidente, além de guerras civis furiosas no Oriente Médio, a ordem global pós-guerra parecia estar se desfazendo em um ritmo acelerado. Ou talvez fosse simplesmente porque eu acabara de passar por um péssimo término de relacionamento e precisasse de alguém que me lembrasse que meus dramas pessoais eram irrelevantes diante de guerras e terrorismo.

Em meu contato inicial com Ben, admito que esperava

um personagem solene e sóbrio, mas a primeira coisa que notei foi quão empático e charmoso ele era. Em seu 101º ano, ele continua astuto e espirituoso, e, apesar dos horrores que testemunhou na vida, é rápido em fazer piadas.

Em poucos minutos, ficou claro que ele era inspirador. Nossa conversa evoluiu para uma entrevista para a coluna de destaques do *The Guardian*. O artigo provocou mais interesse do que qualquer reportagem publicada naquele dia. Por mais incomum que isso seja atualmente, as pessoas leram o texto inteiro. Em cinco anos como repórter, eu jamais tivera um retorno tão positivo a uma matéria. Leitores de todas as idades, de todo o mundo, entraram em contato comigo para contar quanto as palavras de Ben os tocaram.

Os capítulos que se seguem são o resultado de uma série de conversas que tive com Ben ao longo de vários meses. Eu poderia dizer que continuei a conversar com ele para que mais pessoas tivessem o privilégio de ouvir o que ele tem a dizer. Isso seria o correto, mas, no fundo, mantive contato com Ben por razões puramente egoístas: ele é realmente muito amoroso e engraçado e me dá ótimos conselhos.

– Estou triste hoje, Benny – digo às vezes.

– Querida – responde ele –, o que quer que seja, tenho certeza de que você já sobreviveu a coisas piores.

∼

Ben tem uma capacidade impressionante de se lembrar de detalhes ínfimos de episódios da sua vida, desde os nomes completos daqueles com quem se encontrou a como estava o clima em qualquer dia específico. Quando lhe propus as conversas que se transformaram neste livro, levei algum tempo para convencê-lo.

– Você não pode imaginar como estou ocupado – dizia ele. – Estou tão ocupado que não tenho tempo para decifrar por que sou como sou, nem sequer tenho tempo para morrer.

Ficamos nesse vaivém durante algum tempo, ele insistindo em que estava ocupado demais, e eu insistindo em que, na verdade, não levaria muito tempo.

– Querida – disse ele com ironia depois de 45 minutos –, neste ritmo você vai matar seu entrevistado.

O que mais me impressionou nesse período com ele foi que, apesar de haver um oceano e sete décadas entre nós, Ben e eu temos muito em comum. Nós dois emigramos ainda novos e crescemos em bairros perigosos, presos entre culturas e continentes. Ambos aprendemos outras línguas por conta própria, ou conversando com amigos ou assistindo a filmes legendados. Ambos éramos estudiosos, mas incapazes de seguir regras e regulamentos. Fomos os primeiros de nossas famílias a frequentar a universidade, onde nos demos conta rapidamente de que precisávamos nos esforçar mais e por mais tempo para permanecer na competição. Ambos estudamos direito, gostamos de nadar e achamos graça onde não há graça. Até fazemos aniversário no mesmo dia, embora toda vez que o lembro disso ele me advirta:

– Não faça nenhuma bobagem que estrague meu aniversário, garota.

Nas fotografias publicadas com o artigo do *The Guardian*, Ben é uma figura jovial de bermuda azul e suspensórios circulando por uma casa em Delray Beach, na Flórida. Com as mãos na cintura, ele espia por trás dos óculos, com um sorriso nos lábios e o sol atrás da cabeça. Para uma pessoa comum, ele é o velhinho gentil da casa ao lado, o avô que você visita nos fins de semana e feriados. Com frequência, há patos grasnando no seu jardim.

Mas Ben não é de forma alguma um homem comum. Fatou Bensouda, o promotor geral do Tribunal Penal Internacional, já se referiu a ele como um "ícone da justiça criminal internacional"; Alan Dershowitz, o respeitado advogado e defensor das liberdades civis que representou O. J. Simpson e o presidente Trump, chamou-o de a "personificação do benfeitor internacional"; e Barry Avrich, o cineasta por trás do documentário *Prosecuting Evil*, da Netflix, no qual todos eles aparecem, disse sobre as conquistas legais de Ben que ele é uma das figuras mais monumentais dos nossos tempos.

Os capítulos a seguir cobrem apenas alguns dos aprendizados de Ben ao longo de uma vida notável, mas tentarei resumir parte da história dele aqui. Foi condecorado com cinco estrelas pelo Pentágono por ter sobrevivido a todas as grandes batalhas na Europa na Segunda Guerra Mundial: desembarcou nas praias da Normandia, penetrou nas defesas alemãs nas linhas Maginot e Siegfried, atravessou o Reno em Remagen e participou da Batalha das Ardenas em Bastogne.

Depois de ser transferido para o quartel-general do Terceiro Exército do general Patton em 1944, Ben recebeu a tarefa de criar um setor de crimes de guerra. Ele esteve presente – ou chegou logo depois – na liberação dos campos de concentração de Buchenwald, Mauthausen, Flossenbürg e Ebensee, em busca de provas de crimes nazistas que pudesse apresentar em julgamentos. Ben escavou corpos de covas rasas, às vezes somente com as mãos. Ele testemunhou cenas de puro horror que o assombram até hoje.

Enquanto os Estados Unidos estavam envolvidos na Guerra do Vietnã, Ben decidiu se retirar da prática legal privada e se dedicar à promoção da paz. Escreveu vários livros expondo suas ideias para a formação de um corpo legal internacional, os quais se tornaram essenciais na criação do Tribunal Penal Internacional. Também liderou esforços para devolver propriedades a sobreviventes do Holocausto, participando de reuniões de reparação entre Israel e a Alemanha Ocidental.

Em setenta e tantos anos de carreira, Ben testemunhou mais acontecimentos que a maioria das pessoas. A vida dele é uma história clássica de quem se ergueu da miséria para a riqueza. Nascido em uma família judia da Transilvânia, mudou-se com os familiares para a Cozinha do Inferno em Nova York quando tinha 9 meses e se esforçou muito para escapar das condições de pobreza antes de ganhar uma bolsa de estudos na Faculdade de Direito de Harvard.

Ben recebeu vários prêmios por seu trabalho, inclusive a Medalha da Liberdade de Harvard em 2014. O contemplado anterior havia sido Nelson Mandela. Ele continua a usar sua posição para fazer o bem, tendo doado milhões de dólares para o centro de prevenção do genocídio do

Museu do Holocausto. Seus esforços contínuos em estabelecer uma ordem legal global para processar genocídios, crimes de guerra e crimes contra a humanidade são verdadeiramente notáveis.

– Não me importo com a glória, não me importo com dinheiro... eu daria tudo – diz ele. – Vim ao mundo como um miserável, vivi o começo da minha vida na pobreza, e agora estou retribuindo.

Ele não descansa. Certo fim de semana, antes de sua viagem a Los Angeles para promover o documentário da Netflix, perguntei-lhe se ele gostaria de trocar de lugar comigo.

– Você está indo para aquele sol de Hollywood e eu estou nesta chuva de Londres – resmunguei. Ele soltou sua habitual gargalhada forte e me disse que, sem dúvida, trocaria de lugar comigo.

– Estive uma vez em uma turnê de promoção do Museu Memorial do Holocausto – continuou ele. – Começamos em Nova York, de lá fui para Washington, D. C., Los Angeles, San Diego e depois Chicago. Então eu desmaiei. Quando acordei, estava em um hospital. Mas me senti seguro, pois havia uma grande cruz na parede do pequeno quarto e, abaixo dela, uma inscrição: "A sociedade da ressurreição de Chicago." Sendo uma pessoa que preza a lógica, deduzi que, se estava sendo ressuscitado, eu devia ter morrido. Fiquei duas semanas lá.

Morte e morrer estão constantemente nos pensamentos de Ben.

– Eu não poderia estar melhor – diz ele sempre que pergunto. – Sabe por quê? Porque conheço as alternativas.

Não resta mais ninguém no mundo com a perspectiva de Ben. Sendo o último promotor de Nuremberg vivo, ele tem um slogan para qualquer pessoa que queira assegurar o triunfo do bom senso sobre o assassinato: "Lei, não guerra." Ele retorna a este slogan em toda conversa ou anedota. Por causa disso, já se disse que Ben é uma consciência *de facto* do mundo, lutando todos os dias por uma consciência mundial. Segundo seu filho Donald, até mesmo jantares de família começavam com a pergunta: "O que você fez pela humanidade hoje?"

– Sempre tenho consciência de que fui muito afortunado – diz Ben. – Nasci na pobreza, filho de pais pobres. Sobrevivi aos horrores da guerra em todas as grandes batalhas. Conheci uma mulher maravilhosa, criei quatro filhos que tiveram uma educação plena e tenho uma saúde incrível. Não se poderia pedir nada mais. Toda vez que saio ou volto para casa, conto as bênçãos pela vida que vivi.

~

Como editora de um veículo jornalístico, eu me deparo com manchetes negativas todos os dias. Lentamente, o mundo parece estar cada vez mais próximo da devastação. A onda de sentimento nacionalista não esvaneceu, líderes do assim chamado mundo livre promovem o unilateralismo enquanto se cercam de conselheiros que soam tambores de guerra, movimentos sangrentos de protesto assolam de Beirute a Hong Kong e Paris. As sociedades se tornaram campos de batalha para guerras culturais cada vez mais intensas à medida que uma abordagem do tipo "eles contra nós" abate qualquer empatia e evita compromissos. Isso está acontecendo enquanto sistemas econômicos estabelecidos cultivam desigualdade e corrupção, e autocratas jogam uma minoria contra a outra enquanto atacam estruturas e instituições constitucionais. Valores e ideais considerados elementares, tais como honradez e generosidade, estão sob um risco cada vez maior. Nunca uma voz como a de Ben foi tão necessária.

Independentemente disso, às vezes todas essas coisas me atrapalham e eu ou estou ocupada demais ou me esqueço de telefonar para o meu amigo em outro fuso horário.

– Nadia, a sumida – provoca ele quando finalmente entro em contato. – Você está ligando só para checar se eu ainda a reconheço?

Mas Ben entende, porque tampouco se desligou dos noticiários. Ele sabe que há muito em jogo, porque está convencido de que a próxima guerra será a última. Ele continua a fazer intervenções onde as considera apropriadas, mais recentemente escrevendo uma carta para o *The New York Times* quando os Estados Unidos e o Irã pareciam estar à beira de um conflito.

– A farsa continua – diz ele. – Eles ainda estão se comportando como loucos.

Ben faz turnês por escolas e campi universitários dando palestras motivacionais para jovens, e vasculha as pilhas de cartas de fãs – ou, como gosto de provocá-lo, cartas de amor – que recebe todos os dias, respondendo a algumas de vez em quando.

Existem cínicos no mundo que levarão você a acreditar que os seres humanos são separados por nascimento, raça, religião ou credo, que refugiados são uma ameaça à prosperidade e à cultura de uma nação. Todos os tipos de histórias sobre campos de imigrantes, travessias do Canal da Mancha e centros de detenção agem para desumanizar o desconhecido. Intencionalmente ou não, internalizamos essas histórias e duvidamos da nossa capacidade, ou da do outro, de brilhar, de fazer o bem. Mas em Ben vi algo que eu não fora capaz de reconhecer em mim: imaginação, diligência e orgulho. Dele, podemos receber lições sobre a resiliência do espírito humano, mesmo diante da pior adversidade. Podemos aprender que, não importa nossa origem ou nossas atitudes, temos mais em comum com o outro do que sabemos. E que juntos somos mais fortes.

O progresso não é imediato; é lento e complexo. Sempre que estou frustrada, Ben gosta de me lembrar que milagres são possíveis. O fim do colonialismo e da escravidão, os direitos das mulheres, a emancipação do sexo e até mesmo aterrissar na Lua não eram inconcebíveis algumas décadas atrás?

Apesar do otimismo de Ben, os últimos tempos têm sido dolorosos para meu amigo. A esposa dele, Gertrude, com quem ele estava havia mais de oitenta anos, faleceu recentemente. Ele fala dela com frequência, lembrando que teria 100 anos agora. Falar da esposa e de seu amor imorredouro por ela é uma das poucas coisas que o fazem chorar. Mas, na essência, são lágrimas de alegria, porque ele compartilhou com sua alma gêmea a paixão por fazer do mundo um lugar melhor e ajudar as pessoas. Em uma terra estrangeira, eram ambos estranhos que ansiavam por provar o próprio valor e deram muito duro para melhorar suas circunstâncias.

Quando pergunto a Ben quais são os três conselhos que ele daria para os jovens, ele nunca hesita antes de responder:

– É simples. Primeiro: nunca desista. Segundo: nunca desista. Terceiro: nunca desista.

É essa a orientação que levo comigo.

Nadia Khomami

1
SOBRE SONHOS

Você não precisa seguir a multidão

Nasci em uma casa que ficava em um país que não existe mais, a Transilvânia. Minha irmã nasceu na mesma cama que eu um ano antes. Ela era húngara. Meu passaporte dizia que eu era romeno. Depois da Primeira Guerra Mundial, partes da Transilvânia foram cedidas à Romênia – país que conquistou fama como o lar do Conde Drácula. Não importava que os países tivessem mudado de nome, mas sim como tratavam seus habitantes. Tanto a Hungria quanto a Romênia eram antissemitas, então era muito aconselhável que meus pais saíssem do país – ou dos países – se pudessem.

Foi assim que minha jornada começou: em condições de extrema pobreza. O casebre de camponeses em que nasci não tinha água corrente, banheiro ou eletricidade. Havia somente um cômodo e um sótão. Para conseguir água, era preciso caminhar vários quarteirões até um poço no centro da cidade.

Assim que pudemos nos mudar, pegamos um pequeno navio para a América. Dormimos em um convés descoberto em pleno inverno de 1920. Viajamos na terceira classe, porque não havia uma quarta classe. Meu pai, nervoso e privado de sono, ficava tentado a me atirar do barco quando eu começava a uivar de fome. A intervenção de um tio que viajava conosco me salvou.

Passamos pela Estátua da Liberdade quando entramos no porto de Nova York, embora eu não me lembre disso, considerando que tinha apenas 9 meses. O oficial de imigração na Ilha Ellis perguntou aos meus pais qual era o meu nome. Como meus pais não falavam nada de inglês e o oficial não falava nada de húngaro, romeno ou iídiche, eles erraram praticamente tudo, exceto meu estado civil. Meus pais me deram um nome iídiche: Berrel. Ele disse: "Bella?" Depois, olhou dentro do carregador e decidiu que eu tinha 4 meses. Foi somente por acaso, depois de ter completado meu 84º aniversário, que descobri que eu tinha entrado nos Estados Unidos como uma bebê de 4 meses, o que era falso.

Portanto, ali estava eu, na América. Passamos os primeiros dias ou semanas dividindo um espaço abarrotado na Sociedade Hebraica de Auxílio aos Imigrantes (HIAS, na sigla em inglês), a qual fornecia abrigo aos imigrantes recém-chegados. Quando fiz uma palestra para eles cerca de quarenta anos depois, ficaram surpresos, porém satisfeitos, ao ouvir que fora naquele prédio que eu passara meu primeiro dia na América. Meu pai, um sapateiro cego de um olho, procurou em vão um emprego. Apesar de seu problema de visão, ele se vangloriava de sua capacidade de fazer um par de botas a partir de uma única peça de couro de vaca. Ele carregara suas pesadas bigornas, seus martelos e suas ferramentas de sapateiro através do Atlântico. Ninguém avisou a ele que não havia nenhuma vaca na cidade de Nova York, muito menos clientes ansiosos por adquirir botas feitas à mão por um sapateiro da Transilvânia.

Incapaz de falar inglês, praticamente analfabeto, sem casa e sem dinheiro, ele ficou feliz quando um senhorio judeu lhe ofereceu o emprego de faxineiro em uns apartamentos na rua 56, em um bairro conhecido como Cozinha do Inferno. Recebemos permissão para morar no porão de um desses apartamentos. Aquele foi meu primeiro lar na terra prometida, e ali minha mente se expandiu. Lembro-me de que o apartamento havia sido separado do restante do porão. O fogão a lenha ficava próximo da tina grande e funda que também servia de banheira. Fizemos uma celebração quando finalmente compramos e instalamos no corredor uma banheira de metal galvanizado, que enchíamos com baldes de água quente. O quarto no qual eu dormia não tinha janela, e as paredes estavam sempre úmidas devido à fundação subterrânea. Outras partes do porão eram frequentemente ocupadas por alcoólatras ou errantes que se abrigavam do frio e dormiam em camas forradas de jornais velhos.

Não era sem motivo que chamavam o lugar de Cozinha do Inferno. Era o inferno. Ficava no West Side de Manhattan e tinha muitos apartamentos com escadas na entrada. Era o tipo de Nova York que você vê em filmes antigos, nos quais a fumaça sobe em nuvens atrás de prédios residenciais de tijolos marrons, e as ruas são repletas de trabalhadores e de membros de gangues fumando nas esquinas. A área com a maior densidade de crimes na nação, um jardim de infância de experiências difíceis e desagradáveis que me ensinou uma lição crucial: viva e deixe viver.

Sentíamos fome o tempo todo. Meus pais, que tinham sido prometidos um ao outro antes de nascer, não se davam nada bem. Eu era uma criança pequenina, mas ativa, que nunca parava quieta e chorava com sotaque húngaro. Minha irmã e eu não tínhamos permissão para sair nas ruas com os "vagabundos" porque não era seguro. Nós nos sentávamos no último degrau do nosso porão, na altura da calçada, para respirar um pouco de ar puro. Quando minha mãe descia para cozinhar, eu fugia para um passeio arriscado. Nunca me senti um estranho. Sempre fui americano. Eu sabia que era judeu, mas não sabia que era romeno ou húngaro. Crianças sempre podem se entender umas com as outras, não precisam falar a mesma língua. Eu falava de um modo entrecortado, gesticulando ou usando quaisquer palavras que soubesse, e por fim acabei progredindo.

É uma característica universal de todas as crianças. Elas não procuram naturalmente por diferenças de raça, cor ou credo nos colegas, e raramente se ressentem de sua situação até que lhes digam que o façam, porque não conhecem nada diferente. Para elas, mais importante do que procurar divisão ou ter as coisas materiais ou oportunidades desconhecidas é o senso de comunidade, diversão, liberdade e independência. **É um estado de espírito que nós, adultos, deveríamos tentar preservar.**

Os moradores da Cozinha do Inferno eram em sua maioria imigrantes irlandeses e italianos, e seus filhos pareciam determinados primeiramente a bater uns nos outros ou a jogar dados na calçada. Naquela época, não havia distrações como televisão, videogames ou celulares. O único entretenimento era ficar de bobeira nos degraus dos apartamentos, atrás de confusão.

Com tantas brigas na vizinhança, cometer crimes era normal naquela vida. Minha experiência como criminoso não ia além de furtar batatas de uma quitanda ou ser o olheiro de meus amigos envolvidos em alguma atividade de legalidade dúbia. Se um grupo de crianças era visto ajoelhado na calçada, você podia apostar que não estavam rezando. Sem dúvida, estavam jogando dados. As crianças colocavam dinheiro em uma jarra e eu as protegia de predadores ou da polícia. Eu ficava perto de uma esquina e gritava "galinha, galinha" – uma gíria para indicar que os policiais estavam vindo. O policial irlandês praguejava e perseguia as crianças antes de voltar para pegar a jarra para si. Descobri que, se aquilo era bom o bastante para os policiais, era bom o bastante para mim. Portanto, antes de sair correndo, eu embolsava silenciosamente os centavos dentro da jarra. Contudo, sempre deixava alguma coisa para ele. Chame isso de senso de justiça de uma criança de 5 anos.

Eu não estava chegando a conclusões. Estava vivendo um dia de cada vez. **Eu vivia pela minha esperteza. Às vezes, na vida, é tudo o que precisamos fazer.** Quando reparei em um grupo de garotos vendendo jornais na Oitava Avenida, pensei que poderia fazer o mesmo e ganhar uns trocados extras. Reuni fardos de jornais velhos que pegara do porão e comecei a desfilar pela avenida gritando "Peguem seus jornais!". Eu me saí bem vendendo os jornais por dois centavos até que, certo dia, um cavalheiro olhou para a data e se deu conta de que seu novo jornal não era nem um pouco novo. Ele me levou até meu pai, que me repreendeu antes de perguntar "Onde está o dinheiro?".

Mas dinheiro não é tudo. Quando um jovem artista estava em busca de uma garotinha para servir de modelo para o desenho da capa de uma revista popular, meus longos cabelos louros – cortados no habitual formato de cuia pela minha mãe – e a blusa de menina que peguei emprestada da minha irmã para o teste me permitiram conquistar a posição. Recebi dois dólares e cinquenta centavos, mas, mais importante, modelos bonitas no estúdio me cobriram de elogios pela minha fofura e me recompensaram ainda mais com abraços e beijos.

Muita coisa pode ser realizada sem dinheiro. Minha conexão com Tony, o engraxate, nos beneficiava a ambos. Eu sempre parava ao lado de seu pequeno estande, espremido entre dois prédios altos na rua 56, para lhe dar bom-dia. Estava aprendendo a falar com um sotaque italiano, e ele sempre me dava uma bala, num gesto de amizade. Se por acaso eu chegasse tarde, levava a bala para casa para aplacar minha mãe. Pelo resto da vida, quando eu tentava convencê-la delicadamente de algo, ela dizia: "Lá vem Benny com uma bala."

Naquela altura, meu pai, então conhecido ali como "Joe, o faxineiro", se tornara contrabandista de bebidas, uma posição nada incomum na Cozinha do Inferno na década de 1920. Numa época em que a produção, a venda ou o consumo de bebidas alcoólicas era contra a lei, ele fazia uísque destilando um purê de batatas ferventes em uma destilaria de cobre escondida no nosso porão. Meu pai dava uma garrafa aos visitantes, inclusive os policiais irlandeses que passavam por lá para tomar um refresco, e os honestos deixavam um par de dólares na mesa. Eu sabia que era ilegal, então comecei a falar abertamente sobre a nova atividade e a amizade do meu pai com outros policiais. No que pode ter sido minha primeira vitória contra o crime organizado, a destilaria logo fechou.

Meu interesse pela prevenção de crimes veio da atmosfera na qual fui criado. Naquela época, o cinema na Nona Avenida se tornou minha babá. A entrada custava apenas dez centavos, e meus pais me deixavam lá e me pegavam horas depois. Os filmes eram quase todos iguais: os caubóis eram os caras com os chapéus bonitos e os índios eram os caras com as penas, e os caras com os chapéus bonitos sempre venciam e matavam os outros. Mas houve um filme em particular, um filme com James Cagney, chamado *Anjos de cara suja*, que me marcou.

Na juventude, Cagney e seu amigo tentam roubar um vagão de trem. O amigo escapa e acaba virando padre, enquanto Cagney é capturado pela polícia, enviado para o reformatório e, mais tarde, torna-se líder de uma gangue. Por fim, ele comete um assassinato, e seu amigo, o padre, diz a ele: "Escute, todos admiram você, diga a eles que este caminho é errado." Portanto, a caminho da cadeira elétrica, Cagney começa a gritar e a implorar por perdão. Ele diz "Eu não quero ir, não quero morrer!", e depois é executado. O restante da gangue lê no jornal que Cagney "amarelou" diante da morte. E a pergunta para o espectador é: ele estava fazendo aquilo para agradar o amigo ou estava realmente arrependido?

Lembro-me desse filme. Perguntei a mim mesmo: por que um se torna um padre que respeita a lei, e o outro, bandido? O que provoca isso? Analisei esse tema, esse problema, durante boa parte da minha carreira. Você talvez esteja familiarizado com o debate sobre natureza versus criação. Ele explora até que ponto os aspectos do comportamento de um indivíduo são herdados (resultantes da genética) ou adquiridos (resultantes do ambiente externo). Minha conclusão foi que nossa personalidade se deve a uma combinação de muitos fatores, que incluem as pessoas das quais nos cercamos, as oportunidades que nos são concedidas, assim como nossa crença em nós mesmos e nossa determinação.

Desde bem novo, minha criação me proporcionou lições de sobrevivência. Mas também aprendi que há dois tipos de pessoas: bandidas e honestas. Eu não achava que queria ser bandido. Era muito trabalhoso. Ser perseguido pelos policiais, acabar na cadeia, envolvido em brigas o tempo todo. Aprendi muito cedo que o crime não compensa.

Há muitos lugares no planeta que ainda lembram a vizinhança da minha infância, e talvez alguns dos que estão lendo isto tenham crescido neles. **Não importa a circunstância, acredite que, se quiser, você pode fazer algo diferente.** Sou a prova viva de que não é preciso seguir a multidão. Assim como em muitos lugares no mundo, na América ainda existe uma grande divisão de classes de riqueza. Um estudo recente descobriu que 77% daqueles que obtêm um bacharelado nos Estados Unidos vêm de famílias de alta renda. É difícil e injusto ir contra a maré quando seu ambiente está trabalhando contra você, mas não é impossível. Ao longo da história, pessoas enfrentaram a maré e tiveram sucesso. Se outros conseguiram, por que você não pode? E, ainda que ninguém tivesse conseguido, por que você não poderia ser o primeiro?

Meus pais eram apenas duas de 12 milhões de pessoas que imigraram para a América passando pela Ilha Ellis. Elas viajaram milhares de quilômetros para chegar a um lugar cuja língua desconheciam, onde não tinham amigos, nenhum dinheiro, nenhum lar e nenhum trabalho. Talvez seja mais fácil dar um salto no escuro contando apenas com sua fé quando você não tem nada, mas não deveria ser. Esta é a primeira e a mais importante lição. Se você tem um sonho, seja ele mudar de carreira, fundar uma instituição de caridade, levar uma vida saudável, se candidatar a um novo emprego ou escalar uma montanha, não deixe que o fato de seus iguais não terem feito isso, ou de haver obstáculos no percurso, detenha você. O homem caminhou na Lua. Com a dose certa de fé e comprometimento, você pode conquistar o que quiser.

2
SOBRE EDUCAÇÃO

Aprenda onde você estiver

Quando eu tinha 6 anos, meu pai tentou me matricular em uma escola pública em Manhattan, mas não me aceitaram, apontando meu tamanho incomumente pequeno e o fato de eu não falar inglês, apenas iídiche. Disseram que voltássemos no ano seguinte, e no ano seguinte disseram a mesma coisa. Portanto, eu estava com 8 anos quando comecei a frequentar a escola. Era no Brooklyn, e não me lembro de ter aprendido nada lá exceto como desabotoar, escondido, as lapelas das outras crianças.

Como comecei tarde, pulei muitas séries. Da primeira série fui para a terceira, e desta, para a quinta. Eu estava revezando entre ficar com meu pai e com a minha mãe, de modo que também trocava de escola. Meus pais finalmente decidiram se divorciar após dez anos de desentendimentos, casaram-se com novos parceiros e, depois disso, viveram felizes para sempre. **É importante descobrir pelo que vale a pena lutar**, e às vezes é melhor você se libertar de uma situação impossível de resolver.

Meu pai e minha mãe se mudavam com muita frequência.

Naquela época, havia um sistema pelo qual senhorios com casas desocupadas davam uma franquia de um mês se você fosse morar em uma delas, de modo que meus pais entravam e saíam dessas casas com a mesma rapidez, antes que o mês terminasse. Por causa disso, nunca fiquei em uma escola por tempo suficiente para fazer amigos de verdade. Eu amava ler, e meu cartão da biblioteca pública foi bem utilizado. Meu tamanho impedia que eu praticasse esportes populares, como basquete, futebol americano ou beisebol. Não pude ser escoteiro porque minha mãe achava que era uma organização militar. Fui essencialmente solitário durante a adolescência. **Amigos são importantes, mas é bom ficar em paz na própria companhia**, e acho que isso me ajudou a me conhecer melhor e a confiar no meu próprio julgamento.

Logo depois do divórcio, minha irmã e eu fomos morar por um período com uma tia no Brooklyn. Ela me levava para Coney Island, que ficava perto, e me lembro de gritar quando ela me afundava na água, com as ondas quebrando acima de mim. No domingo, mal dava para ver a areia na praia por causa das muitas toalhas. Minha tia me deixou em uma toalha e disse que voltaria logo. Dei a ela um longo tempo – talvez quatro minutos – e então comecei a procurá-la freneticamente, até que fui interceptado por um policial. Com minha honestidade típica, contei que minha tia tinha se perdido. Ele me levou para a delegacia e colocou chapéus de polícia na minha cabeça enquanto o alto-falante gritava: "Tante Fani, Tante Fani, o pequeno Benny está procurando você. Fani, por favor, apareça." Quando minha tia apareceu, em vez de dar pulos de felicidade, a primeira coisa que fez foi me dar um tapa na cara. Algumas pessoas são realmente ingratas.

Portanto, se eu não era esperto, era espertinho, e com frequência entretinha a mim mesmo. Em uma aula de vocabulário em uma escola no Bronx, quando eu tinha 9 ou 10 anos, descobrimos a palavra "assediar" (*harass*, em inglês). Eu a pronunciava "haar-as". A professora disse "Não, 'har-ass'".* Eu disse "A bunda dela?" e rolei no chão, gargalhando.

Quando fui promovido para a oitava série, me convidaram para estrelar a peça de formatura. Girava em torno de um rei poderoso, porém rabugento, sempre reclamando de seus problemas e de suas dores. Seus médicos concluíram que o único remédio era usar a camisa de um homem feliz, então os guardas do rei vasculharam o reino inteiro, mas não conseguiram encontrar uma única pessoa que não tivesse uma história triste para contar.

Por acaso, enquanto vagavam por uma pradaria, os guardas ouviram o som alegre de uma flauta sendo tocada por um jovem pastor: eu. Ao ser indagado se era feliz, o garoto, intrigado, dizia que encontrava felicidade em todos os seus dias.

– Rápido – diziam os guardas. – Você precisa nos dar sua camisa para salvar a vida do nosso soberano.

– Mas – respondia o garoto – eu não estou usando uma camisa.

---

* "Harass", em inglês, soa como "her ass", que significa "a bunda dela". (N. do T.)

Quando os mensageiros, apreensivos e temendo a ira do rei, relataram que a única pessoa feliz que conseguiram encontrar em todo o reino não tinha sequer uma camisa, o monarca rugiu de tanto gargalhar.

Desde então, tentei viver de acordo com o papel do feliz pastor. **A felicidade nem sempre vem de coisas materiais.** Sou um exemplo disso. Testemunhei verdadeiros pesadelos na vida, mas eles nunca prejudicaram meu senso de otimismo e de gratidão.

A felicidade de longo prazo vem de realizações, que serão diferentes para cada um de nós. Pode ser um propósito grandioso, como salvar o mundo. Pode ser o compromisso de ser mais gentil com as pessoas ao seu redor. Ou pode ser definir pequenos objetivos para si mesmo, como caminhar, fazer o dever de casa ou pegar as roupas na lavanderia – que você pode ticar na sua lista todos os dias.

O maior obstáculo para a realização é a comparação. Cavalos usam antolhos para que não consigam ver o que está acontecendo ao seu redor. Isso os mantém calmos. Às vezes, também precisamos usar antolhos. Não permita que as conquistas de outras pessoas o impeçam de se sentir feliz com as suas, e sempre se lembre de que a felicidade dos outros não anula a sua.

Encontrar um pouco de alegria todos os dias da sua vida sustentará você. Será aquele pouquinho de lenha acrescentado à lareira que manterá a chama acesa. Mas dizer a si mesmo que só será feliz quando tiver o emprego, a casa ou o companheiro dos seus sonhos – objetivos místicos para um futuro que você ainda não alcançou – o deixará muito infeliz. Para encontrar alegria, você precisa procurá-la ao seu redor. A felicidade não deve nada a você. Ela não é uma pessoa ou uma instituição contra a qual é possível se enfurecer. É uma emoção, e você está no comando das suas emoções. Você pode escolher onde encontrar alegria. Quão azul o céu está hoje, ou quão agradável é fazer uma boa refeição, poder se enfiar debaixo da coberta quando há uma tempestade furiosa lá fora ou tomar um café particularmente bom. Você precisa procurar a felicidade nas coisas para ser capaz de encontrá-la e de senti-la.

∼

Sempre tive uma mente muito peculiar. Ao ouvir uma coisa uma vez, eu a aprendia. Um dia, durante um período no qual eu estava morando com minha mãe e meu padrasto no Bronx, minha professora da oitava série, a Srta. Connelly, me pediu que trouxesse meus pais para uma reunião com o diretor. Pensei: o que fiz agora? A Srta. Connelly explicou à minha mãe que eu não era uma criança comum, fato do qual ela, sem dúvida, já suspeitava. Mas, para sua grande surpresa, a professora queria conversar sobre me mandar para uma escola especial, não para uma de jovens delinquentes, mas para uma de "garotos dotados". Nem minha mãe nem eu sabíamos de que ela estava falando – não tínhamos o hábito de receber presentes.

A Srta. Connelly explicou que havia uma escola de ensino médio especial em Nova York chamada Townsend Harris, que era única no país, na qual ser aprovado em todas as séries assegurava admissão automática na Faculdade da Cidade de Nova York, sem qualquer custo. Não conhecíamos ninguém que tivesse feito faculdade, e concluir o ensino médio era a maior conquista acadêmica possível para imigrantes como nós. De repente, fiquei interessado. Uma nova porta abria novas oportunidades.

Os professores da Townsend Harris eram professores universitários, e os cursos eram iguais aos dos alunos universitários. Aprendi uma lição muito importante: era preciso estudar. Eu nunca estudara antes. Logo de cara, fui reprovado em francês e álgebra. Só me interessei por francês quando me apaixonei por uma linda francesa chamada Danielle Darrieux, uma estrela de cinema no estilo de Ingrid Bergman, cujos filmes eram exibidos no cinema de arte da vizinhança. Ela era cortejada por Charles Boyer. Eu mantinha um olho nela e outro nas legendas em inglês. Aquilo foi uma maravilhosa ferramenta de ensino, e, embora eu falasse um pouco como Charles Boyer, a explicação do meu professor sobre a Batalha do Marne ficou mais tolerável. Acabei me tornando um intérprete valorizado, e depois da guerra até traduzi para René Cassin, o francês ganhador do Prêmio Nobel e autor da Declaração Universal dos Direitos Humanos, que estava em turnê pelos Estados Unidos. Tudo porque me apaixonei por uma garota francesa. Mas ela era linda.

Esta é uma lição que todos nós devemos aprender onde quer que estejamos. Quando assistimos a um filme, lemos um livro, caminhamos na rua, conversamos com alguém –

não devemos ser passivos quanto a isso. **Tudo é uma oportunidade de aprendermos algo novo**, e nunca se sabe quão útil esse conhecimento será.

No ensino médio, eu não tinha dinheiro para almoçar, então desenvolvi um método para obter recursos. Consistia em comprar um cartão perfurado com cem buracos, colocar um pedaço de papel enrolado que continha ou uma fortuna ou um prêmio em cada buraco e cobrar dos garotos para jogarem. Os prêmios variavam de um a dez centavos. Era um empreendimento que deixaria minha gangue da Cozinha do Inferno orgulhosa. Mas o faxineiro reclamou das tirinhas de papel jogadas no chão do vestiário. Fui chamado ao escritório do diretor, um valentão chamado Sr. Chastney, que exigiu uma reunião com meu pai senão eu seria expulso. Eu não via meu pai fazia um ano, mas corri para o telefone e implorei que ele viesse, explicando que corria o risco de expulsão.

– O que significa ser expulso? – perguntou ele.

Expliquei que era um pouco parecido com levar um tiro.

– Por qual motivo?

Eu disse que estava tentando ganhar dinheiro para o almoço.

– E querem atirar em você por isso?

Então meu pai foi até a escola para ouvir um sermão sobre jogos de azar, sobre como pais deveriam educar os filhos e que eu teria uma última chance, e Deus abençoe a América. Meu desnorteado pai seguiu minha instrução, que era apenas assentir e não dizer nada.

Mas o Sr. Chastney, o rígido disciplinador, não se afeiçoou

muito a mim depois do ocorrido. Ele me chamou algum tempo depois e disse que eu havia sido denunciado por não participar das aulas de educação física. Eu disse a ele que era um excelente acrobata e que podia escalar uma corda mais rápido do que um macaco. Eu também era muito solicitado como o homem no topo da pirâmide humana.

– Todos os professores de educação física me conhecem – falei. – Não estou participando das aulas porque elas acontecem durante minha hora de almoço.

Mas o burocrata me deu um ultimato:

– Se você não comparecer às aulas, não será admitido na faculdade.

Achei aquilo bastante inclemente. Eu não era um homem que aceitaria aquele tipo de bobagem, então fui à faculdade no dia seguinte e pedi para falar com o diretor de admissões. Ele era um alegre irlandês, e me perguntou:

– Qual é o seu nome, garotão?

Eu disse que meu nome era Ferencz. Ele colocou o braço em volta do meu ombro e falou:

– Bem, Terrence, garotão, o que posso fazer por você?

Perguntei se eu seria admitido na Faculdade da Cidade sem ser aprovado em educação física. Ele disse:

– É claro, Terrence, meu rapaz, ficaríamos felizes em ter você.

Agradeci e parti correndo antes que ele descobrisse que eu não era irlandês.

Voltei para o Sr. Chastney e falei:

– O senhor mentiu para mim!

Ele ficou furioso e disse que eu jamais obteria o diploma

da escola. Foi assim que fui admitido na Faculdade da Cidade de Nova York sem o diploma do ensino médio. Provavelmente, a lição deveria ser "não coloque seu futuro em risco irritando as pessoas que o têm nas mãos", mas, na verdade, a lição é: **você não precisa aceitar que algo seja verdade só porque alguém em uma posição de autoridade lhe disse que é.** Os maiores gênios da história se tornaram quem foram porque questionaram os gênios que vieram antes deles. Algumas pessoas gostam de dizer "pense fora da caixa", mas isso é muita pressão. O segredo, na verdade, é simplesmente pensar – ponto-final.

A Faculdade da Cidade de Nova York – "a Harvard dos pobres" – tinha admissões abertas, e muitos alunos vinham de lares de imigrantes. Oferecia uma oportunidade de compartilhar do sonho americano, não um lugar para diversão e brincadeiras, e nem sequer tínhamos um time de futebol americano.

Eu me formei em sociologia e ciências sociais. Perturbado pelo que via na Cozinha do Inferno, ansiava por uma carreira que me afastasse da delinquência juvenil. Eu era bom aluno, mas só quando me interessava pelo assunto. Em uma aula de biologia, recusei-me a dissecar um sapo vivo, então me impuseram aulas de botânica em vez de biologia, o que me pareceu uma empreitada completamente inútil. Quase fui reprovado. No que me dizia respeito, as aulas eram em latim.

Para meu curso de filosofia, precisei ler *O despertar do mundo novo*, de Aldous Huxley. Foi a partir desses ensaios que cheguei à conclusão de que fins legais só podem ser buscados por meios legais, e tirei dez.

Eu tive as notas mais altas em todos os meus cursos de ciências sociais. Em criminologia, tentando encontrar uma solução para o problema da evasão infantil, soube a resposta intuitivamente: as crianças se recusavam a ir à escola porque as professoras e os cursos as entediavam.

Fui indicado para um emprego de verão não remunerado como conselheiro em um reformatório em Dobbs Ferry chamado Children's Village. Eu tomava conta das crianças, que em sua maioria tinham uma origem parecida com a minha – vizinhança perigosa, pais divorciados –, e o trabalho era adequado à minha busca de saber por que algumas pessoas se tornavam criminosas e outras não (o dilema de James Cagney). Além disso, o trabalho me tirava da cidade quente durante o verão.

Entre outras coisas, ajudei-os a construir uma piscina e os ensinei a nadar. Eles afixaram um grande trampolim a uma árvore que ficava ao lado da piscina e mergulhavam para mostrar como eram heroicos, mesmo sem saber nadar. Ou tentavam afogar o garoto de quem não gostavam e eu precisava mergulhar e socá-los para que o soltassem.

Os garotos tinham sido condenados por cometer todo tipo de crime, de assassinato a roubo. Toda vez que eu voltava da minha casa no Bronx, levava para eles sacos de doces, guardando-os em segurança sob meu travesseiro até que eu pudesse distribuí-los no momento ideal. Mas os sacos desapareciam prontamente antes que eu tivesse a oportunidade de fazer isso. Então decidi preparar uma armadilha para o ladrão. Voltei com uma caixa de balas de menta forte e eles morderam a isca. Quando enfileirei os garotos e coloquei meu nariz sob suas bocas, logo senti o cheiro de menta. Eu disse para os outros garotos:

– Deixarei que vocês façam justiça. – E saí de perto.

Os outros garotos espancaram o culpado, e o crime nunca se repetiu. Paz e justiça andam de mãos dadas.

~

Recentemente, recebi um documento muito interessante. Era meu diploma do ensino médio, da Escola de Ensino Médio Townsend Harris, mais de oitenta anos depois que eu a deixara.

A carta do diretor dizia:

> *Prezado Sr. Ferencz, a data é 15 de outubro de 2019. Depois de revisar seu histórico do ensino médio, a pedido do seu filho Donald, é com muito prazer que lhe concedo o diploma da Escola de Ensino Médio Townsend Harris. Ele comprova que você completou o curso do ensino médio e atendeu a todos os requisitos. Parabenizo-o por essa conquista e lhe desejo tudo de bom no futuro.*

Respondi o seguinte:

> *É com muito prazer e muitas gargalhadas que recebo meu diploma do ensino médio. Aguardei pacientemente por esse documento pelos últimos 82 anos.*

Vou pendurá-lo com muita alegria na minha parede logo abaixo do meu diploma de doutorado em direito da Faculdade de Direito de Harvard de 1943. Posso explicar que aprendo devagar.

Três lições: **paciência é uma virtude, boas coisas acontecem àqueles que esperam e, apesar das frustrações e dos ressentimentos, você deve rir quando for possível.**
Se não fossem meus estudos, obviamente minha vida teria sido diferente. Eu teria me tornado faxineiro, como meu pai ou um dos garotos no reformatório. A Faculdade da Cidade de Nova York era para garotos pobres. Foi uma maneira de obter uma vida melhor. Foi lá que eu entendi o valor da educação. Todos nós podemos – e devemos – aprender onde quer que estivermos, mas as portas que a educação institucional abre para nós não devem ser subestimadas. Esforcei-me muito e fui esperto, mas também tive a grande sorte de a Townsend Harris e a Faculdade da Cidade existirem. **Esta é uma lição sobre valorizar sua própria sorte e seus privilégios, e também para nos lembrar de que outras pessoas não os têm.** O que você escolherá fazer a respeito disso?

3

SOBRE CIRCUNSTÂNCIAS

Use as próprias forças para se levantar

Um tio comentou sobre meu comportamento:
— Benny será um bom bandido ou um bom advogado.
Como já disse, eu sabia que não queria ser bandido; só me restava a outra opção.

Eu não tinha ideia de qual era a melhor faculdade de direito do mundo, mas queria estudar nela, por um simples motivo: medindo cerca de 1,52 metro, eu sofria com frequência abusos de pessoas mais altas. Eu achava que a única maneira de competir era ser melhor do que os outros. **Suas fraquezas se tornam forças se você usá-las para impulsioná-lo.** Não reclame das adversidades, isso não resolverá o problema; além de ser perda de tempo reclamar, as dificuldades nos ensinam muito mais.

Eu não sabia a diferença entre uma faculdade de direito no Brooklyn e uma faculdade de direito na China. Fiz perguntas e me disseram que a melhor era Harvard, então me candidatei e fui aceito por motivos que ainda preciso descobrir. Eu tinha cerca de 20 anos. Não fazia ideia do que esperar. Lembro-me muito bem da palestra inaugural do reitor.

"Olhem à sua direita, olhem à sua esquerda. No final deste semestre, um de vocês três não estará aqui." Eles submetiam os alunos a um período de experiência, aparentemente, e o terço inferior da turma seria automaticamente eliminado. Aquilo paralisou todo mundo. Fiquei com medo da possibilidade de não voltar, mas permaneci e me saí muito bem. Tão bem que, depois da minha primeira prova, de direito penal, recebi uma bolsa de estudos integral para todo o curso.

A primeira coisa que aprendi em Harvard foi o significado do medo. O professor de direito de propriedade, Edward Warren, conhecido como "Touro" Warren, parecia ter se inspirado na Inquisição Espanhola. Ele gritava as notas para alunos trêmulos no meio da aula. Um dia, chamou um pobre colega à frente da sala, entregou-lhe uma moeda de dez centavos e lhe disse que telefonasse para casa e avisasse aos pais que estavam desperdiçando seu dinheiro, já que ele jamais se tornaria advogado. **Mas é você que permite que o medo se torne negativo**; nós o sentimos porque ele nos ajuda a permanecer vivos e – em locais de trabalho ou nas salas de aula de hoje – a conquistar a vida que desejamos ou manter aquela com que já nos acostumamos. Se você sente medo, é porque tem algo a perder, e isso é bom. Significa que você tem algo pelo que lutar. Ao se concentrar nisso em lugar do medo, você pode canalizá-lo para a produtividade, a eficiência, a coragem, a rapidez – o que quer que a situação exija.

Warren me ensinou a diferença entre "bens móveis" (propriedades móveis) e "bens imóveis" (propriedades imobiliárias) e a nunca me atrasar. **Ser pontual – ou, melhor ainda, chegar cedo – é um dos prêmios mais fáceis que você pode**

dar a si mesmo. Além disso, faz com que se sinta mais confiante com o que quer que esteja para acontecer. Chegando um pouco antes da hora você não desperdiça o tempo de ninguém e ainda evita caras fechadas. Pratique a pontualidade: vitórias fáceis são, ainda assim, vitórias.

O professor de contratos, Lon Fuller, me ensinou que o ponto de vista de um oponente é uma ferramenta inestimável. Para um advogado, é uma maneira de prever uma discussão para poder vencê-la, mas isso também vale para a vida pessoal. **Somente compreendendo o modo de pensar do outro é que você será capaz de argumentar com ele e, talvez, levá-lo a mudar de ideia.** Se você tem uma rixa com alguém, tente compreender a perspectiva dessa pessoa: o que, na origem dela, em suas circunstâncias atuais, no seu grupo de colegas, na sua personalidade, a levou a agir de determinada maneira? Talvez o fato de compreender a posição dela não faça com que ela compreenda a sua. Mesmo assim, pode atenuar a raiva que essa pessoa sente, o que, por si só, é uma coisa boa. A longo prazo, a raiva não é uma emoção produtiva para os humanos.

A antítese do ódio é tentar mudar as opiniões com as quais você não concorda por meio da compaixão, do comprometimento e da coragem. Você começa o mais cedo possível. Quando o pequeno Johnny está jogando beisebol com seu amiguinho Tommy e não gosta de algo que Tommy faz, você ensina que ele não deve bater em Tommy com um taco, mas conversar e tentar resolver a situação.

O professor de ética, Zechariah Chafee, me ensinou sobre tolerância e **a necessidade de tratar todos os seres hu-**

manos de maneira justa. Isso não inclui apenas as pessoas que se parecem e falam como você, seus compatriotas e vizinhos, tampouco somente os cidadãos que respeitam a lei – isso inclui todo mundo. Você é 99% geneticamente idêntico a todos os seres humanos no planeta, não importa qual aparência eles têm, de onde vêm, de onde seus tataravós vieram, quais são suas crenças, se eles são criminosos, malvados ou psicopatas. Não pode haver uma regra para eles e outra para você ou para mim – sob quaisquer circunstâncias –, especialmente quando se trata de justiça, o que deveria ser o ápice da civilização e serve para proteger todos nós. Parece estranho que seja necessário enfatizar isso no século XXI, mas é. No dia a dia, isso também inclui a pessoa no fim da rua de quem você não gosta, seu primo com quem você rompeu relações e a pessoa que você gerencia no trabalho. "Justamente" é definido pelo Oxford English Dictionary como "moralmente correto e justo". Pergunte a si mesmo se é assim que você trata todas as pessoas com as quais ou sobre quem fala, e faça as mudanças apropriadas se não for. Pessoas terríveis ainda podem viver vidas notáveis, mas, na minha humilde opinião, isso não é a mesma coisa.

O acadêmico mais erudito de todos os meus professores, Roscoe Pound (que iniciou sua carreira como botânico, imagine!), abriu meus olhos para a jurisprudência e para as origens históricas de diferentes escolas de pensamento legal. Essa é uma lição acadêmica que poderia preencher vários livros – e isso certamente aconteceu –, mas você ficará feliz ao perceber que não a abordarei aqui.

Esses professores me proporcionaram confiança para acreditar que, se eu me dedicasse, poderia me igualar aos melhores entre os melhores. Pois uma das lições mais importantes que aprendi em Harvard foi que existem classes diferentes de pessoas.

A faculdade era cheia de garotos ricos. Os alunos que se levantavam toda vez que faziam uma pergunta, usavam meias com estampas de losangos e mocassins marrons, eram membros de fraternidades e tomavam coquetéis me pareciam muito estranhos. Minha vida em Harvard era uma labuta, assim como uma oportunidade. Enquanto eles remavam no rio Charles no fim de semana, eu morava em um sótão, que dividia com um garoto judeu da Faculdade da Cidade porque eu não tinha condições de pagar sozinho o aluguel de oito dólares semanais.

Naquele sótão, eu tinha uma pequena escrivaninha com uma única lâmpada que pendia sobre ela. Eu olhava para baixo pela minha janela e via alguns garotos de Harvard se divertindo, inclusive um que estava sempre polindo seu elegante conversível vermelho no quintal da casa vizinha. Eu pensava: "Será que ele sabe a sorte que tem?" Se eu quisesse ir para casa nos feriados, precisava pedir carona.

Mas eu não tinha nada a ver com aqueles caras, e eles não queriam nada comigo. Nunca participei de eventos, como ir a Boston para assistir a shows, nem saí com garotas. Eu dizia para mim mesmo: "Ben, isso é desperdício de tempo." Eu estava sempre estudando ou tentando ganhar dinheiro suficiente para comer – e só. Meu objetivo era fazer o melhor que eu conseguisse.

Por quê? Porque eu não tinha nenhum dinheiro. Eu vinha de uma família em que não se lia nenhum livro. Não conhecíamos ninguém que ia à faculdade; aquilo era outro mundo. Eu sabia que precisara me esforçar mais para chegar ao lugar onde estava porque não tinha um pai rico para me livrar de problemas ou me dar um carro chique. De repente, eu me encontrava na melhor faculdade de direito do mundo e tinha recebido a oportunidade de usar as minhas próprias forças para me levantar. Eu pensava: "Rapaz, se você não der o melhor de si, se arrependerá para sempre." Eu queria me destacar pelo meu conhecimento, não pela minha riqueza. Era isso que me motivava.

Algumas pessoas precisam sentir que têm uma rede de proteção para o caso de fracassarem. Isso faz sentido. Saber que, se você for despedido, o pior que poderia acontecer seria ter que gastar suas economias ou voltar para a casa de sua família pode fazer com que você tenha menos medo de assumir riscos e cometer erros. Porém, na qualidade de pessoa que não teve uma rede de segurança no começo da vida, também posso atestar a virtude de imaginar que não se tem isso. Se você estivesse na encosta de uma montanha, tendo abaixo pedras pontiagudas e acima o topo do mundo, você respiraria fundo e encontraria a coragem e a força necessárias para escalar a montanha. Redes de proteção podem deixar você preguiçoso. **Precisar do que você deseja pode torná-lo mais ambicioso, mais motivado, mais criativo, mais apaixonado.**

Ao longo dos meus estudos, minha falta de recursos era uma preocupação constante. Eu pegara emprestado quinhentos dólares com a minha mãe quando saí de casa, mas o dinheiro foi gasto com o aluguel. Aos domingos, um hotel no outro lado da rua da faculdade de direito oferecia um bufê especial de *brunch*, e por cinquenta centavos eu podia encher minha barriga por alguns dias. Para não morrer de fome no restante da semana, consegui um emprego de ajudante de garçom na cafeteria em uma faculdade de teologia próxima. Em troca de limpar mesas depois das refeições, eu podia comer os restos que escolhesse. Fiquei tão grato que, anos depois, acho que em 2016, visitei a escola religiosa e conheci seu novo reitor. Eu estava trabalhando pela paz mundial. Tivemos uma longa conversa sobre o assunto e nos tornamos aliados. Depois, eu disse:

– Escute, quero pagar pelos meus almoços.

Dei a ele um pequeno envelope e disse que preferia que não contássemos aquilo a ninguém. Dentro, havia um cheque de 50 mil dólares. Compartilho isso com vocês porque, em primeiro lugar, é uma bela história, não é? E, em segundo lugar, porque acredito que é importante retribuir. Se alguém ajudar você, faça o mesmo quando puder: não há limites para isso, e não precisa ser com dinheiro. **A gratidão preenche você de uma maneira diferente de qualquer outra coisa.**

Durante meus três anos em Harvard, a biblioteca do curso de direito se tornou meu paraíso. Era lá que eu encontrava livros maravilhosos e sabedoria nas decisões de juízes proeminentes, como Benjamin Nathan Cardozo, Learned Hand e Oliver Wendell Holmes. Anos depois, no meu primeiro escritório de advocacia, pendurei retratos dos três na parede acima da minha mesa. Quando um juiz visitante comentou que os gigantes do direito estavam olhando de cima para mim, eu respondi que, na verdade, eu os estava admirando. **Não deixe que grandes homens amedrontem você; em vez disso, escolha inspirar-se neles.**

Tive outros empregos em Harvard, como orientar alguns alunos. Depois, descobri um programa do governo por meio do qual o estudante recebia um estipêndio se trabalhasse para um professor. Abordei primeiro Pound, mas ele me recusou. Fui ver o professor seguinte da lista, Sheldon Glueck. Ele era o único que lecionava criminologia, o campo no qual eu queria trabalhar. A primeira pergunta dele foi:

– Quanto isso vai custar?

Eu disse que era de graça, e ele disse que aceitava.

Então tornei-me assistente dele. E como Glueck estava considerando escrever um livro sobre a agressividade e as atrocidades alemãs, minha primeira função foi resumir todos os livros da biblioteca de Harvard relacionados a crimes de guerra, uma tarefa que provavelmente mudou o curso da minha vida. Depois da guerra, quando o Exército procurou Glueck porque ele estava prestando consultoria ao Pentágono, ele recomendou que entrassem em contato comigo, e fui contratado.

Jamais achei que concluiria a faculdade de direito. Quando a guerra explodiu, o reitor, James Landis, escreveu para meu comitê de recrutamento pedindo um adiamento para que eu pudesse terminar o semestre. Ele disse que eu era uma promessa. No final do período, enviei todos os meus livros e artigos para casa porque esperava ser convocado a qualquer momento. Mas não aconteceu. Minha mãe disse:

– Ben, volte para a escola... se precisarem de você, eles telefonarão.

Meus estudos nos últimos dois anos na faculdade de direito sofreram com a expectativa de ter que partir a qualquer hora. Meus cadernos estavam cheios de garranchos, pois eu jamais imaginei que acabaria o curso. Eu não comparecia às aulas de direito tributário, que eram obrigatórias. Fiz a prova e, obviamente, fui reprovado. Apesar disso, com o meu conhecimento do direito, fiquei muito rico. Doei milhões de dólares para Harvard e para o Museu Memorial do Holocausto desde então. Espero que isso mostre o que você pode fazer quando usa as próprias forças para se levantar.

4
SOBRE A VIDA

O caminho é sempre sinuoso, nunca uma linha reta

Eu estava sentado na minha escrivaninha no sótão quando ouvi no rádio a notícia de que o Japão tinha lançado um ataque contra os Estados Unidos em Pearl Harbor. Hitler já conquistara a maior parte da Europa, e agora ele e seus aliados tinham declarado guerra à América. Todos os alunos que eu conhecia estavam prontos para se alistar.

Passei meu tempo tentando entrar no serviço militar no qual eu queria servir. A Marinha estava descartada, pois a ideia de me afogar no mar não me atraía particularmente, e eu tinha certeza de que os fuzileiros navais não me aceitariam por causa do meu tamanho. Então escrevi para o departamento de guerra e sugeri que eu seria mais útil nos serviços de inteligência, graças, em parte, às minhas habilidades em francês, húngaro, iídiche, alemão e espanhol. Eu achava que, se me soltassem atrás das linhas alemãs na França e me ensinassem a usar dinamite, eu poderia explodir todos os trens e linhas de comunicação deles. Na minha cabeça, até já sabia como eu faria aquilo: disfarçando-me de freira em uma bicicleta. Eu usaria o hábito e manteria a barba muito bem-feita. Mas fui informado de que apenas os que eram cidadãos americanos havia pelo menos quinze anos poderiam ser alocados nos serviços de inteligência – e eu era cidadão havia catorze (desde quando meu pai dera entrada nos documentos). Tentei a Força Aérea, porque se eu fosse alvejado, pelo menos achava que seria morto, mas eles concluíram que eu precisava medir no mínimo 1,62 metro para alcançar os pedais, e eu não me qualificava. Então candidatei-me para ser um navegador, mas meu senso de direção era tão terrível que me disseram: "Ben, se mandássemos você bombardear Berlim, você provavelmente acabaria em Tóquio." E quando tentei os paraquedistas, o comentário foi que eu era tão leve que subiria em vez de cair.

Assim que me formei em direito, apresentei-me no comitê de recrutamento no Bronx, onde o atendente disse que fora aluno da Faculdade de Direito de Yale quando eclodiu a Primeira Guerra Mundial. Ele contou que se arrependia de nunca ter voltado para a faculdade. Depois de ler a carta do reitor de Harvard pedindo mais tempo antes de eu ser convocado, ele decidiu que não deixaria acontecer comigo o que acontecera com ele. Por puro acaso, aquele homem que eu nunca tinha conhecido me deixou concluir a faculdade de direito.

Por causa da pesquisa que realizara para o professor Sheldon Glueck, eu sabia muita coisa sobre a belicosidade nazista e seus planos de construir campos de concentração. Ele fazia parte de um grupo de advogados de países que tinham sido ocupados pela Alemanha e já estavam recolhendo provas de crimes de guerra. Portanto, o Exército dos Estados Unidos, em sua infinita sabedoria, fez de mim um soldado raso da artilharia antiaérea, sobre a qual eu não sabia absolutamente nada.

Minha carreira militar começou de maneira humilhante. Fui nomeado datilógrafo no 115º Batalhão de Artilharia AAA, mas nunca aprendi a datilografar ou a disparar um canhão. Meu primeiro adversário não foi o Exército alemão, mas o Exército americano, que rapidamente deixou claro que a posição na hierarquia conferia privilégios. Meus superiores atribuíam a mim todas as tarefas sujas que conseguiam encontrar, inclusive limpar latrinas, lavar panelas e cuidar das trincheiras de manutenção de veículos. Precisei varrer o chão tantas vezes que lá pela quinta vez eu estava pronto para pegar aquela vassoura e utilizá-la de maneiras que eles jamais tinham imaginado.

Passei por um treinamento básico em Camp Davis, na Carolina do Norte. Inúmeras vezes, quando eu informava de maneira educada aos meus superiores no Exército que considerava alguma ordem militar particularmente estúpida, me advertiam, gritando: "Você não tem que pensar!"

Navegamos para a Inglaterra no HMS *Strathnaver*, onde o general explicou nossa missão: interceptar aeronaves que voavam baixo supostamente para atacar nossos homens na praia. Ele disse que não tínhamos nada a temer, porque nosso novo radar secreto podia detectar qualquer aeronave se aproximando e, quando ela estivesse ao alcance, nosso novo controle remoto a derrubaria automaticamente.

Mas, quando chegou a hora, os alemães não só sabiam do nosso novo radar como também usavam pombos-correio cobertos de tinta de alumínio para prejudicar a detecção e distrair os canhões. Então ficávamos atirando na direção oposta, permitindo que o alvo nos bombardeasse intensamente. Não sei quantos aviões alemães foram derrubados pelos canhões de 90 mm do 115º Batalhão de Artilharia AAA, mas sei que muitos dos aviões atingidos eram ingleses ou americanos. Aprendi rapidamente que o fato de o general lhe dizer que algo é de uma maneira não significa que você deve acreditar nele. Mais um lembrete de que todos devemos ser capazes de pensar por conta própria.

No extremo mais ao sul da Inglaterra, em um lugar chamado Land's End, nosso batalhão ficou esperando pela invasão havia muito esperada que nunca aconteceu. Em vez disso, lembro-me das primeiras horas da manhã do dia 6 de junho de 1944 – o Dia D. O céu escureceu com aviões, e todos os navios que estavam lotando os portos ao longo da costa inglesa zarparam para a França. Atravessamos o Canal da Mancha, ziguezagueando para evitar submarinos alemães, e desembarcamos na praia Omaha, na Normandia. Saltei do meu barco na água, que, para a maioria das pessoas, não passava dos joelhos; para mim, no entanto, ela ia até a cintura. Um soldado inglês me deu um tapinha nas costas e disse:

– Boa sorte, Berlim fica naquela direção.

Consegui chegar ao topo de um monte onde o restante da minha tropa estava estacionado. Fui logo agarrado por um dos meus colegas, "Starchy" North, que estava em um grande buraco manuseando uma metralhadora calibre .50. Ele disse:

– Rapaz, como estou feliz em te ver. – E me pediu que assumisse seu posto.

Ele desapareceu e voltou com uma garrafa de Calvados, uma bebida local parecida com combustível de foguete. De repente, Starchy caiu duro de cara na areia. Pensei que tivesse sido alvejado nas costas por um atirador de elite, mas ele não estava morto, apenas caindo de bêbado. Ali, no calor da batalha. Não foi nem um pouco heroico.

Avancei com o 115º Batalhão de Artilharia AAA por bastante tempo. Nos meus três anos no Exército, penetrei nas linhas Maginot e Siegfried – que eram grandes muros erguidos para impedir a entrada de caras como eu (o ex-presidente Trump deveria refletir sobre o valor dos muros; passei pelos dois sem ser morto uma única vez) –, atravessei o Reno em Remagen e participei da Batalha das Ardenas, em Bastogne.

Lembro-me de cenas felizes, como jantar com uma família francesa no "Dia da Libertação de Lunéville", cantando canções francesas e brindando em homenagem aos Aliados. Também me lembro de dias sombrios, como o incidente em Saint-Lô, uma encruzilhada ocupada pelos alemães, embora tivéssemos controle do espaço aéreo. O céu escureceu com longas ondas dos nossos bombardeiros Flying Fortress conforme eles castigavam a cidade abaixo com bombas enormes. A vários quilômetros de distância, senti o chão tremer tão intensamente que não consegui permanecer de pé. Nenhuma casa ou prédio se manteve intacto. Ainda me pergunto quantas pessoas inocentes foram enterradas sob as pilhas de escombros.

Enfrentei todo tipo de perigo, mas não posso dizer que

senti medo em momento algum. Simplesmente lidava com a situação. Eu era chamado de "Ferencz Destemido". Não sei de onde isso veio. Não acho que eu seja um tipo muito heroico, mas desde bem novo aprendi a me defender. Se alguém me desafiava, eu o chutava no saco e depois dava uma joelhada na cabeça enquanto ele caía. Desde cedo, estava acostumado com valentões. Eles nunca me agrediam duas vezes. Na guerra, era a mesma coisa. **Não deixe que ninguém agrida você duas vezes.** Defenda-se.

Meu primeiro-sargento era um filho da mãe cruel do Texas que se vangloriava de espancar a esposa com frequência. Se tivesse a chance de matar esse sujeito ou Göring, eu teria atirado nele primeiro. Ele dizia: "Você quer ser um oficial?" Pegou minha ficha de inscrição, que tinha sido aprovada, e jogou-a na lata de lixo: "Você só vai tirar esse uniforme, soldado, quando for para o caixão."

Aquilo resumia bem minha participação como membro de uma unidade de combate, onde me parecia que o objetivo dos soldados era tornar minha vida um inferno. Era eu contra o Exército americano, que uma vez até ameaçou me executar por ter assado um frango. Sem dúvida, você deve estar se perguntando o que houve. Bem, os franceses estavam tão gratos por terem sido libertados da ocupação alemã que choravam, aplaudiam e corriam atrás dos veículos, entregando flores, vinho e ovos. Como todos estávamos vivendo de apresuntado enlatado, um preparado intragável projetado para matar pessoas, ficamos muito felizes com os ovos. Mas, em pouco tempo, foi colocado um aviso nas árvores: COZINHAR INDIVIDUALMENTE NÃO É

PERMITIDO, POR ORDEM DO COMANDANTE. O coronel não gostava da área coberta de cascas de ovos.

Eu não conseguia acreditar que ele não deixaria os soldados comerem um ovo, então exerci meu direito constitucional à vida, à liberdade e à busca da felicidade convidando três dos meus amigos alistados para jantar frango. Mas fomos rapidamente obrigados a nos apresentar ao coronel por desrespeitar ordens. Ele me perguntou se eu sabia o que significava desobedecer a uma ordem em tempos de guerra e me disse que faria de mim um exemplo. Achei que aquele filho da mãe mandaria me fuzilar. E respondi:

– Senhor, eu não faria isso se fosse você. Sua ordem dizia que era proibido cozinhar individualmente, eu não desobedeceria a isso. Tenho três testemunhas que podem confirmar que cozinhamos em grupo.

Ele ficou vermelho, branco e azul, um homem patriota, e aos berros mandou que eu saísse da frente dele.

Umas duas semanas depois, elaboraram uma lista de todos no batalhão que receberiam medalhas de boa conduta – cerca de 1.500 nomes. Somente um nome estava riscado com tinta vermelha: o meu. Procurei meu capitão e perguntei a que se poderia atribuir tal desonra. Ele disse:

– Você se lembra do incidente com o frango? Bem, o coronel também se lembra.

A lição, acho, é que nem todos os inimigos usam uniformes diferentes. **Provavelmente, você sempre terá adversários e nem sempre obterá sua justa recompensa.** Siga em frente e tente esquecer – não continue recontando a história oitenta anos depois. (Este pode ser um bom momento para dizer que algumas lições são mais difíceis de aprender do que outras; aprenda a não se martirizar por causa disso.)

~

Quando finalmente alcançamos a fronteira com a Alemanha, os relatos das atrocidades nazistas já tinham se disseminado. Roosevelt, Churchill e Stalin emitiram declarações conjuntas prometendo que os líderes nazistas seriam responsabilizados por crimes de guerra. Fiquei feliz, mas não surpreso, ao ser transferido para o quartel-general do Terceiro Exército do general Patton, que recebera ordens de criar um setor de crimes de guerra. O tenente-coronel que me saudou disse prontamente:

– Diga-me, cabo, o que é um crime de guerra?

Minha hora finalmente tinha chegado! **Vidas não são caminhos em linha reta.** Eles são sinuosos, sobem e descem e são acidentados. Quando você chega a um ponto com uma vista aprazível, todos os obstáculos farão com que a experiência tenha valido a pena, não importa quantos haja.

No devido tempo, recebemos relatórios de que pilotos aliados que eram abatidos, e aqueles que saltavam de paraquedas em território alemão, estavam sendo assassinados sistematicamente no solo, em violação às leis e aos costumes da guerra. Foi assim que surgiu o caso dos Pilotos Aliados. Eu subia em um jipe e seguia para a cena do crime para recolher provas para uma investigação. Era um trabalho nefasto. Os corpos costumavam ser despejados em rios ou buracos. Em geral, a pessoa estava morta, nua; às vezes, dava para encontrar o número de série em tinta permanente no forro interno das calças. Eu precisava providenciar a exumação deles. Era inverno e o solo estava duro, mas eu não ousava usar uma picareta por medo de acertar um homem na cabeça, e não sabia distinguir a perfuração de uma facada da de um tiro. Então eu amarrava uma corda em torno de um ou dos dois tornozelos, atava a corda à traseira do meu jipe e, lentamente, tentava puxar o corpo. Em geral, eu era o único americano na cena, e a única autoridade que eu tinha era uma pistola calibre .45 na cintura. Mais tarde, mandei pintarem no meu veículo em letras grandes a expressão alemã "IMMER ALLEIN", que significa "sempre sozinho".

Quando a guerra terminou, saí em caça do maior peixe de todos, Adolf Hitler, que suspeitavam estar escondido no seu Ninho da Águia, um elegante hotel no topo dos Alpes em Berchtesgaden. Peguei um trailer emprestado de um capelão na expectativa de que pudesse precisar de mais do que um jipe para trazer de volta quaisquer provas que encontrasse, mas o Ninho da Águia já tinha sido bombardeado, e crateras cobriam a estrada cheia de curvas que levava à sua locação majestosa. Eu não podia puxar meu trailer; então deixei-o com alguns soldados americanos que vigiavam a estrada. O Ninho fora ocupado pela 101ª Divisão Aérea, e Hitler tinha desaparecido. Dirigi-me imediatamente para os arquivos e fiz uma grande descoberta: a segunda gaveta de baixo servia como uma privada muito conveniente, e a 101ª Divisão a usara com frequência. O que quer que fossem aqueles documentos, eu não os levaria para casa.

Recebemos relatórios de que Hitler cometera suicídio em Berlim. Lamento jamais ter sido capaz de fazer uma visita de surpresa ao Führer. Quando cheguei ao bunker, os russos já tinham cavado um grande buraco, de pelo menos quatro ou cinco metros quadrados, no qual tinham depositado as cinzas dele.

~

De volta ao quartel-general em Munique, precisei explicar ao capelão que me emprestara o trailer que eu o havia perdido. Eu disse:

– Padre, acabo de chegar do campo.

Ele respondeu:

– Como você se saiu?

Eu contei que perdera meu rifle, e ele rebateu:

– Não se preocupe com isso, meu filho.

Eu também contei que perdera as lembranças que queria trazer de volta para os outros, e ele disse:

– Tampouco se preocupe com isso, Deus perdoará você, meu filho.

Eu continuei:

– Mas também perdi o seu trailer.

Silêncio.

Tentaram me submeter à corte marcial pela perda de propriedade do governo! Joguei os documentos no lixo, é claro.

5

SOBRE PRINCÍPIOS

Escolha ser bom

Foi durante o caso dos Pilotos Aliados que começamos a receber no quartel-general do general Patton relatórios informando que batalhões de tanques tinham encontrado nas estradas pessoas que pareciam estar saindo de algum tipo de campo de trabalho. Os relatórios afirmavam que todos vestiam trapos e pijamas e pareciam sofrer de inanição. Eram, é claro, prisioneiros fugindo dos campos de concentração recém-liberados.

Fui a cerca de dez campos, entre eles Buchenwald, Mauthausen, Flossenbürg e Ebensee. As cenas de morte e desumanidade eram idênticas em todos. Lembro-me muito, muito vividamente delas, e ainda hoje tenho dificuldade de descrevê-las. É algo que se carrega pelo resto da vida. O caos total em meio a batalhas que ainda não tinham cessado. Corpos estirados pelo chão, alguns mortos, alguns feridos, implorando, fracos, pedindo algo com os olhos. Vi montes de pele e ossos empilhados como madeira, esqueletos indefesos com diarreia, disenteria, tifo, tuberculose e pneumonia. Vi pessoas se arrastando pelo lixo como ratos, escavando com as mãos em busca de um pedaço de pão ou alguma migalha. Vi o crematório em atividade, atulhado de corpos, as cinzas dos mortos espalhadas como fertilizante no campo.

Eram cenas de um horror indescritível. Era como se eu tivesse vislumbrado o inferno. Então desenvolvi um sistema: fingia que aquilo não existia. Normalmente, sou um sujeito bastante racional, mas eu dizia para mim mesmo: "Isso não é real, não é real, não é real." Eu fingia que era parte de alguma espécie de show. O que mais eu poderia fazer? Não podia me sentar e começar a gritar e a arrancar os cabelos, ou agarrar algum alemão e marretá-lo na cabeça. **Existem coisas que nosso cérebro não é capaz de processar. Nesses momentos, precisamos acreditar que ele sabe a melhor maneira de nos proteger.** Pessoas de luto costumam dizer que necessitam dormir em horas incomuns durante o dia; se sua mente não consegue lidar com a dor, elas precisarão se desligar mais do que o normal. Portanto, para conseguir suportar o terror diante dos meus olhos, eu ficava imaginando que era fictício.

Eu dizia a mim mesmo que fizesse o meu trabalho. Entrava em cada campo com as tropas que estavam chegando, ou que já estavam neles havia um ou dois dias. Invariavelmente, procurava o comandante americano e avisava:

– Escute, estou aqui sob ordem do general Patton. Estamos executando uma política do governo dos Estados Unidos. Quero, imediatamente, que dez homens cerquem o escritório onde são mantidos os registros. Ninguém entra ou sai sem a minha permissão.

Eu tomava posse do *Schreibstube*, o escritório do campo.

Eu sempre contava com os registros mantidos pelos alemães; eles eram meticulosos ao tomar notas. Com isso, era possível entender o que ocorrera no campo. A lista de prisioneiros, seus números quando foram enviados para registro em Auschwitz, em qual transporte estiveram e quando o primeiro carregamento chegara da Hungria, da Romênia ou da Alemanha. Obviamente, a maioria deles já estava morta.

Com as informações, eu voltava para a minha máquina de escrever e redigia um relatório do que vira e de quem eram as pessoas responsáveis: quem comandava o campo, quantos tinham sido mortos, quais eram os guardas. Com base nisso, emitíamos mandados para que eles fossem capturados. Faça seu trabalho: pegue as provas e siga para o próximo campo. Vamos para o próximo. Foi essa atitude que evitou que eu ficasse completamente louco.

Lembro-me com clareza de ter conhecido um prisioneiro que trabalhava no *Schreibstube* em Buchenwald. Eu imaginava que fosse francês.

– Eu estava esperando por você – disse ele.

Então pegou uma pá e foi para o perímetro do campo, que era uma cerca de arame farpado, e escavamos uma caixa. Voltamos para o escritório e removemos a terra. Dela, o homem tirou várias pequenas cadernetas que pareciam passaportes e pertenciam a membros da SS. Nas noites em que apareciam para uma reunião do clube social do campo, onde bebiam e se divertiam, eles precisavam apresentar suas cadernetas e obter um carimbo.

Quando a caderneta ficava cheia, com cinquenta carimbos, o prisioneiro que trabalhava no escritório recebia a ordem de jogar fora a antiga. Mas, em vez de destruí-las, ele as escondia. Ele sabia, como um ato de fé, que haveria o dia do acerto de contas. Se fosse pego, morreria imediatamente.

Existem algumas situações nas quais a maioria das pessoas se encontrará fazendo algo enquanto temem pela própria vida. Portanto, a lição aqui não é ser corajoso como aquele homem (embora, obviamente, isso tenha sido maravilhoso). A lição é que os seres humanos são capazes de coisas terríveis, mas também de coisas muito boas, não importa se grandes ou pequenas. **O mundo é cheio de pessoas que realizam bons atos.** Às vezes, simplesmente se lembrar disso, e ater-se a isso, pode ser o suficiente para nos revigorar, nos inspirar e fazer com que nos sintamos melhor a respeito da história que estamos vivendo.

Em termos realistas, o presente daquele homem foi uma mina de ouro para mim. Aqueles sujeitos, os criminosos e seus cúmplices, iriam todos me dizer que não tinham estado lá, mas eu tinha as datas nas quais eles compareceram ao clube, tinha os números deles, sabia quem eram. Logo emiti mandados de prisão que valiam para todos os campos de prisioneiros de guerra. Esse incidente foi uma amostra da coragem de pessoas que enfrentam a morte para fazer algo por meio da justiça.

∼

Nos campos, com frequência, os membros remanescentes da SS fugiam da cena. A maioria dos presos estava doente ou fraca demais para se mover, mas ainda havia alguns que se encontravam em boa forma, circulando pelo campo. Um dia, vi um deles agarrar um guarda e começar a espancá-lo. Quando o guarda estava semiconsciente, colocaram-no em uma maca, arrastaram-no para o crematório e começaram a assá-lo. Deixaram-no lá dentro por algum tempo, mas não o bastante para matá-lo. Arrastaram-no para fora, espancaram-no novamente e o colocaram de volta no crematório. Fizeram isso três ou quatro vezes até ele estar suficientemente bem-passado e, com certeza, morto. Vi a coisa toda, e ainda a vejo. Mas pensei: meu Deus, se eu tentar impedir esses caras, eles vão se voltar contra mim.

No percurso entre um campo e outro, encontrei algumas unidades avançadas do Exército Vermelho, que me acolheram em uma celebração. Um dos soldados russos me perguntou o que eu fazia no Exército americano, e eu disse a ele que era um investigador de crimes de guerra em busca de provas do que os SS tinham feito.

– Você não sabe o que eles fizeram? – perguntou. Eu disse que sabia, claro. – Então por que está perguntando a eles? – indagou ele de modo inquisidor. – Apenas atire neles.

Vingança é uma coisa horrível. O que sucede à vingança é assassinato. Os franceses pegavam algumas jovens que moravam com soldados alemães, colocavam-nas na praça da cidade e raspavam o cabelo delas enquanto outros civis cuspiam nelas ou as esbofeteavam. Quando eu testemunhava isso, disparava minha pistola para o alto e dizia:

– Afastem-se, ela está presa.

Eu a colocava no jipe, levava-a para longe e dizia:

– Agora, saia daqui, vá para casa.

No meu discurso de abertura em Nuremberg, declarei: "Vingança não é o nosso objetivo." Eu sabia o que a vingança fazia. Eu a vi em ação e, acredite, é horrível. Meu objetivo era estabelecer uma lei que protegeria todos. É humano ansiar por vingança, mas precisamos lutar contra isso. **Não se torne aquilo que você odeia – se fizer isso, você se tornará o inimigo de outra pessoa e o ciclo se perpetuará.** O velho adágio "coloque-se acima disso" tem valor. É claro que todos dizem isso, mas é porque é verdade. Não significa que não deveríamos ser julgados pelas nossas ações; significa simplesmente que é para isso que existe a justiça.

Obviamente, durante toda essa experiência eu estava muito consciente de que era judeu, mas não agi de maneira nem um pouco diferente porque fui criado em um lar judaico, tampouco distingui as vítimas segundo suas religiões. A única vez que agi conscientemente nesse sentido foi depois, em Nuremberg, quando eu não queria que o fato de eu ser judeu desse ao julgamento uma imagem de vingança judaica, de modo que cedi a um amigo a acareação do meu principal réu, que matara 90 mil judeus.

Nos campos, os judeus deviam usar uma estrela de davi, e os comunistas deviam usar uma estrela vermelha. Quando cheguei, os uniformes haviam se tornado trapos e eram indistinguíveis. Eram todos seres humanos.

6
SOBRE A VERDADE

Sempre diga a sua, mesmo que ninguém esteja ouvindo

Quando voltei da Alemanha, juntei-me a mais de 10 milhões de outros soldados americanos em busca de emprego. Enviei cartas a todos os lugares que podia. A primeira pergunta que os grandes escritórios de advocacia faziam era: "Quantos clientes você pode trazer com você?" Infelizmente, os únicos clientes que eu conhecia e tinha eram pessoas com nada mais do que uma tatuagem no braço.

Em meio a toda essa dificuldade, recebi um telegrama do Pentágono dizendo que queriam falar comigo. Viajei para Washington, onde fui entrevistado pelo coronel Mickey Marcus, que estava recrutando a equipe para os julgamentos militares planejados pelo Exército. Havia uma grande carência de advogados que soubessem qualquer coisa sobre julgamentos de crimes de guerra, e os militares estavam desesperados.

Não fiquei empolgado com a perspectiva de voltar ao comando militar, e os tribunais deixavam muito a desejar, mas então me pediram que eu fosse ver um segundo coronel, Telford Taylor, e esse encontro acabou sendo decisivo. Taylor disse que fora indicado pelo presidente Truman para conduzir julgamentos adicionais em nome do governo dos Estados Unidos. O objetivo era expor diversas facetas da vida alemã, para explicar como um país tão civilizado quanto a Alemanha poderia cometer crimes tão horríveis. Eles organizariam tudo assim que os tribunais militares internacionais encerrassem as atividades.

Taylor disse que analisara meu histórico e descobrira que eu era ocasionalmente insubordinado. Eu respondi: "Sinto muito, senhor, mas isso é incorreto. Não sou ocasionalmente insubordinado, sou geralmente insubordinado. Não obedeço ao que é ilegal ou burrice." Contei a ele que, por sorte, eu também analisara o histórico dele e sabia que ele não me daria aquele tipo de ordem.

Ele sorriu e disse:

– Venha comigo.

～

Os julgamentos de Nuremberg cobririam o panorama completo da sociedade alemã. Telford disse que tínhamos vários suspeitos já presos, mas não havia provas para condená-los. Portanto, recebi a tarefa de encontrá-las para realizar doze julgamentos, os quais envolviam especificamente braços do governo e da sociedade alemã. Em primeiro lugar vinham os médicos que realizaram experimentos em vítimas dos campos de concentração. Depois, os advogados que perverteram a lei condenando pessoas por razões políticas. Havia também os empresários que forneceram recursos para construir os campos e se beneficiar do trabalho escravo, os diplomatas que pavimentaram o caminho para as guerras de agressão de Hitler, os militares e as próprias tropas de choque que cometeram os assassinatos. Tudo isso estava planejado, e eu deveria obter a prova de culpa além de qualquer dúvida razoável.

Estabeleci meu quartel-general em Berlim e montei uma equipe com cerca de cinquenta pessoas, as quais designei para vários setores do governo. Deve ter sido na primavera de 1947 que um dos nossos diligentes pesquisadores, Frederic S. Burin, entrou, empolgado, no meu escritório e disse que encontrara algo. Ele me entregou uma coleção de relatórios encadernados – marcados como altamente confidenciais – que pareciam a grossa lista telefônica de Nova York. Os relatórios haviam sido enviados pelo escritório da Gestapo em Berlim para talvez cem oficiais de primeiro escalão do regime nazista. Muitos generais estavam na lista de distribuição, junto a líderes de alto escalão do Terceiro Reich.

Os relatórios diários, intitulados "Relatórios de Acontecimentos na União Soviética", eram de uma unidade chamada *Einsatzgruppen* (Grupos operacionais), que descobrimos ser formada por esquadrões de extermínio da SS e que recebera deliberadamente um nome desinteressante para ocultar seu verdadeiro trabalho. Mas a tarefa deles era muito simples: tinham sido organizados por Göring e outros para matar todos os judeus na União Soviética e em qualquer país vizinho na Europa.

O *Einsatzgruppen* era organizado em quatro unidades,

cada uma com algo entre quinhentos e oitocentos homens. Os relatórios eram uma cronologia de quantos civis aquelas unidades tinham assassinado como parte da "Guerra Total" de Hitler. Quando passei de 1 milhão, parei de contar. Hoje, é de conhecimento geral que os nazistas mataram intencionalmente 6 milhões de judeus e 11 milhões de outras pessoas, mas receber essa informação pela primeira vez, a partir de relatórios que estavam diante de mim, era incompreensível.

Judeus, ciganos e quaisquer outros considerados inimigos do Reich. O plano era que aquelas unidades avançassem atrás das linhas alemãs à medida que elas atravessassem a Europa, capturando muito rapidamente e matando todos. O *Einsatzgruppen* enfileirava moradores de aldeias inteiras diante de valas comuns e os fuzilava. Pessoas eram exterminadas como vermes. Era metódico. Era selvageria direta de humano contra humano. Aquele era o programa, e eu tinha o relatório nas minhas mãos.

Reservei uma passagem no primeiro avião para Nuremberg e disse:

– General Taylor, o senhor precisa fazer outro julgamento.

Ele respondeu que não podia, que todos os advogados já tinham recebido atribuições e que o orçamento fora definido. Foi aí que perdi a calma e disparei:

– Não podemos deixar esses assassinos escaparem!

Eu disse que tínhamos em mãos provas inquestionáveis de genocídio em escala gigantesca, relativas a todos os escalões superiores da hierarquia nazista, os quais diziam que não sabiam nada a respeito. Será que eles tinham desaprendido a ler?

Desesperado, sugeri que, se não havia mais ninguém disponível, eu mesmo realizaria o trabalho. Telford perguntou se eu conseguiria lidar com aquilo além das minhas outras responsabilidades, e assegurei-lhe que sim.

– Certo – disse ele, por fim. – Vá em frente.

E foi assim que o pequeno garoto Benny da Transilvânia se tornou o principal promotor do maior julgamento de assassinato da história da humanidade. Eu tinha 27 anos quando o caso foi aberto no tribunal principal do parcialmente reformado Palácio da Justiça. Foi o primeiro caso da minha vida.

～

Três mil membros do *Einsatzgruppen* passaram praticamente todos os dias na Frente Oriental assassinando homens, mulheres e crianças inocentes. Desde a época em que as embarcações mercantes atravessaram pela primeira vez os sete mares, ficou estabelecido que aquele que navega em uma embarcação pirata, sabendo do seu propósito, seria atirado ao mar quando capturado. Mas não havia como jogarmos delicadamente milhares de homens no mar.

Então decidi que o número de réus seria limitado pela quantidade de assentos disponíveis: 22. Selecionei meus réus tomando por base três fatores importantes: estarem sob nossa custódia, suas patentes e seus níveis educacionais. Decidi que nenhum homem recrutado seria processado – eu queria somente os de patente e nível educacional mais elevados. Se eles não tivessem ao menos um doutorado, não se qualificavam. Havia um sujeito, Rasch, que tinha dois doutorados. Eu nem sequer tinha ouvido falar naquilo.

Precisávamos nos preparar para o julgamento. Tínhamos os réus e os documentos. Eles dispuseram de tempo para escolher os próprios advogados. Foi aí que surgiu o problema: de que eu os acusaria, e o que recomendaria como punição? Deveria acusá-los de crimes de guerra tradicionais, que tinham sido proibidos pelas convenções de Haia cem anos antes? Também os acusei de genocídio, porque eu conhecia o homem que cunhara o termo – um advogado polonês refugiado chamado Rafael Lemkin, que fugira da sua terra natal depois que sua família inteira fora morta pelos nazistas e que, como o velho marinheiro do poema de Coleridge, pegava pelo colarinho qualquer pessoa que passasse por ele para contar a história de como sua família fora destruída pelos alemães. Também acusei os réus de assassinato em massa e de crimes contra a humanidade. Argumentei que a escala na qual aquilo ocorrera era um crime deliberado contra a humanidade e deveria ser processado como tal.

Certa manhã de domingo, eu estava sozinho no tribunal, redigindo meu discurso de abertura, quando concluí que, para aquele julgamento ter algum significado, não poderia ser apenas uma questão de justiça. Eu selecionara somente 22 de 3 mil assassinos em massa, e todos eram igualmente culpados de cometer diretamente ou de conspirar para auxiliar no assassinato de mais de 1 milhão de pessoas. Não havia como a balança da justiça equilibrar aquilo. Eu sabia que o julgamento deveria representar algo mais. As pessoas tinham sido mortas simplesmente porque não tinham a mesma raça, religião ou ideologia dos seus executores. Eu precisava ajudar a impedir que tais horrores se repetissem no futuro e estabelecer as fundações para um mundo mais humano. Precisava pedir que todas as pessoas tivessem o direito de ser protegidas pela lei e que, assim, pudessem desfrutar uma vida de paz e dignidade.

Aquela era apenas uma seleção de réus que comprovava a desumanidade do homem para com o homem: a capacidade de ser desumano, o que todos aqueles alemães educados de alto escalão eram. Se você acredita que outro grupo representa uma ameaça porque corre no sangue de seus membros a vontade de matá-lo, o que sintetiza a doutrina nazista no que dizia respeito aos judeus, você, logicamente, age para exterminá-los. Mas essa é uma consideração desumana e um argumento falso, pois tal vontade não está no sangue. Precisávamos de um princípio que protegesse as pessoas desse tipo de ato no futuro. Admiti que aquilo poderia acontecer novamente, em algum outro lugar.

Minha abertura no primeiro dia foi a seguinte: "É com pesar e esperança que nós, aqui, revelamos o assassinato deliberado de mais de 1 milhão de homens, mulheres e crianças inocentes." Eu disse que o caso que estávamos apresentando era um "pedido da humanidade por lei". Sem exceção, todos os réus se declararam inocentes. Não tinham nenhum remorso ou arrependimento.

Com frequência, me perguntam se eu estava nervoso durante os julgamentos de Nuremberg. Eu era um jovem advogado inexperiente enfrentando assassinos alemães, inclusive seis generais da SS que teriam me matado em um piscar de olhos. Mas eu não estava nervoso, estava indignado. Eu não havia matado ninguém – eles mataram, e sabiam que eu podia provar. Encerrei os argumentos da promotoria em dois dias. Disse tudo o que precisava. "Você é este sujeito? Esta é sua assinatura? Então você é um maldito mentiroso."

Concluí:

– Os réus aqui apresentados foram os cruéis executores cujo terror escreveu a página mais sombria da história da humanidade. A morte era sua ferramenta, e a vida, seu brinquedo. Se estes homens permanecerem impunes, então a lei terá perdido seu sentido e o homem deverá viver com medo.

Mal me ocorreu que essas palavras causariam impacto e que, de fato, estávamos escrevendo a história do direito.

Foram 136 dias de argumentações da defesa. O argumento mais interessante e mais repulsivo em defesa do genocídio foi apresentado pelo réu principal, o general da SS Otto Ohlendorf. Os relatórios afirmavam que a unidade sob seu comando assassinara 90 mil judeus. Perguntaram a ele se era verdade, e ele alegou que não sabia, porque os homens eram propensos a exagerar o número de assassinatos que cometiam. Eles queriam mostrar que tinham matado mais do que de fato mataram. Quando o número foi corrigido para 70 mil, ele ficou satisfeito.

Ohlendorf confirmou que os judeus eram assassinados simplesmente por serem judeus. Com um jeito professoral, explicou que aqueles com sangue cigano não eram confiáveis e poderiam ajudar o inimigo; portanto, também precisavam ser mortos. Se as crianças judias descobrissem que seus pais tinham sido assassinados, elas cresceriam com o propósito de se tornar inimigas da Alemanha; portanto, também deveriam ser mortas. Não estava claro que ele se interessava pela segurança de seu país no futuro?

Outra justificativa que Ohlendorf deu para seus atos foi a autodefesa:

– Mas a Alemanha não estava sendo atacada por ninguém – disseram a ele. – Ela atacou a França, a Bélgica, a Holanda, a Dinamarca.

– Ah, sim – retrucou ele –, mas Hitler sabia, e Hitler tinha mais informações do que eu. Os bolcheviques iam nos atacar, portanto decidimos que seria melhor atacarmos primeiro. Tratava-se de um ataque preventivo legal.

Ele apresentou a opinião de um grande especialista, um advogado criminal de Munique, que afirmou que aquilo era perfeitamente legítimo e não constituía crime. Não pensei, décadas depois, aos 99 anos, que ouviria o presidente dos Estados Unidos usar exatamente o mesmo argumento quando ameaçou "destruir" a Coreia do Norte se ela ameaçasse os Estados Unidos ou qualquer um dos seus aliados. Não havia nenhuma base legal para um ataque preventivo da Alemanha. Três juízes de Nuremberg determinaram que aquela não era uma defesa legal.

Para Ohlendorf, a guerra exigia a suspensão de regras humanitárias. Ele relembrou os bombardeios dos Aliados em Dresden e em Hiroshima. O raciocínio dele era a receita para uma catástrofe mundial, e ele foi condenado à morte por enforcamento. Muitos tiveram um destino parecido. Cada vez que eu ouvia aquela sentença, era como uma martelada no meu cérebro. Eu nunca pedira a pena de morte porque sentia que ela poderia minimizar a magnitude dos crimes sugerindo que eles seriam resolvidos por meio da execução de um punhado de pessoas. Outros foram condenados à prisão perpétua ou receberam longas sentenças. Sempre que um dos julgamentos de Nuremberg era encerrado, o promotor geral convidava sua equipe para comemorar o acontecimento. Acho que fui o único que pediu para se ausentar da própria comemoração.

〜

À primeira vista, a lição deste capítulo pode não parecer a mais aplicável ao dia a dia, mas acredito que seja, e é uma lição que preciso enfatizar. As pessoas não acham que o que aconteceu na Alemanha sob Hitler poderia acontecer de novo algum dia, especialmente em seus países. Mas isso aconteceu na Alemanha há menos de cem anos e, na época, tampouco achavam que poderia acontecer lá.

Como falei, as defesas apresentadas por aqueles julgados em Nuremberg são usadas ainda hoje. Em todo o mundo, crimes de guerra continuam sendo cometidos. Talvez não na escala e com a organização dos nazistas, mas ainda assim assistimos a eles desde 1945. **A verdade é preciosa. Seja qual for a sua, não considere que as pessoas sabem, se lembram dela ou estão prontas a ouvi-la.** Minha conclusão foi que crimes de guerra são crimes de guerra, não importa quem os cometa; lutei contra os poderosos durante toda a minha vida para lembrá-los desse fato e tentar responsabilizá-los.

Os réus que selecionei em Nuremberg não eram criminosos comuns. Eram homens inteligentes e com boa educação. Tinham diplomas em economia ou em direito. Um fora cantor de ópera; outro, clérigo luterano. Todos negaram ter cometido qualquer crime. Minha maior lição foi que **a guerra transforma em assassinos sujeitos que, do contrário, seriam decentes.** Ohlendorf era um bom exemplo disso. Era um senhor bonito, pai de cinco filhos, formado em economia. Ele foi honesto nas suas declarações. Seus argumentos eram malévolos para mim, mas eram racionais. Senti pena dele, para ser sincero.

Ele foi o único réu com quem conversei cara a cara depois que foi condenado à morte. Visitei a prisão onde ele estava, logo abaixo do tribunal, e disse que queria conversar com ele. Em alemão, perguntei-lhe se havia qualquer coisa que pudesse fazer por ele. Algum pequeno favor, talvez? Uma mensagem que eu transmitiria à sua família? Ele me respondeu que eu veria que ele estava certo: os russos teriam atacado, os comunistas dominariam tudo. E começou a repetir os argumentos que apresentara durante o julgamento. O homem não tinha aprendido nada nem se arrependido de nada. Fiquei um pouco irritado. Eu não descera até lá para ouvir aquilo. Olhei-o nos olhos e disse delicadamente em inglês:

–Adeus, senhor Ohlendorf.

Saí batendo a porta.

Fui convidado a assistir ao enforcamento. Recusei o convite.

7

SOBRE O AMOR

Há coisas mais importantes do que salvar o mundo

C asei-me com meu amor de adolescência, Gertrude, e tivemos quatro filhos que nos trouxeram alegria, assim como tristeza. Gertrude e eu nos conhecemos quando eu ainda estava no ensino médio. Ela era sobrinha da minha madrasta e tinha se mudado da Hungria para os Estados Unidos na adolescência, sem nenhum conhecimento de inglês, nenhum dinheiro e nenhuma qualificação. Naquela época, eu não tinha muito tempo ou inclinação para o romance. "Garotas" não estavam no meu repertório, e a menina nova na vizinhança não me impressionou muito. Eu dizia que ela parecia muito "imatura". Ela me chamava de "garoto bobo".

Naquele tempo, minha irmã mais velha tomava conta da casa quando minha mãe estava trabalhando e me dominava. Certo dia, brigamos porque ela me mandou fazer algo que eu não queria. Minha mãe disse:

– Você precisa obedecer porque ela é sua irmã mais velha. Se não fizer isso, terá que sair de casa.

Então eu disse "Tudo bem", depositei minha chave sobre

a mesa e parti para a casa do meu pai. Eu tinha 15 ou 16 anos. Minha mãe ficou chocada e veio me procurar. Como eu sempre a tratara com respeito, discutimos a situação em detalhes tranquilamente. Gertrude, que na época estava morando no quarto ao lado, entreouviu nossa conversa. Ela ficou tocada com minha argumentação delicada e convincente, e logo percebeu que eu não era apenas um "garoto bobo". E eu fiquei impressionado com suas habilidades linguísticas, seu conhecimento e sua determinação de ir à escola noturna para concluir sua educação. A "imaturidade" adquiriu um tom rosado, e comecei a reparar que, na verdade, ela era muito bonita.

Logo passamos a fazer longas caminhadas de mãos dadas e nos tornamos amigos íntimos. Depois, começamos a namorar. Não me recordo de jamais ter lhe dito que gostava dela. Não era preciso; foi uma percepção gradual e mútua. Um dia, simplesmente aconteceu. Se eu dissesse que me lembro do nosso primeiro beijo, estaria mentindo, mas houve inúmeros beijos, muitos dos quais foram memoráveis.

Como nenhum dos dois tinha dinheiro, nosso passatempo favorito era ir à Cooper Union para ouvir palestras, uma atividade gratuita e instrutiva. O bilhete do metrô custava apenas cinco centavos, e com frequência cada um pagava a própria passagem e dividíamos as despesas. Às vezes, eu a convidava a tomar chocolate quente na sorveteria Stubies, na avenida Tremont, ou ir ao zoológico do Bronx para olhar os macacos e nos sentarmos em um banco para ver o sol se pôr. Na época, meu cantor favorito era Bing Crosby, e eu fazia serenatas para ela com as canções dele, especialmente "I'll Be Home For Christmas". Eu sabia cantar. Como cantora, ela era muito ruim.

Gertie trabalhava o dia inteiro costurando em uma fábrica de roupas e à noite frequentava uma escola. Ela era uma aluna inteligente, ansiosa por seguir uma carreira em serviços sociais. Descobrimos que tínhamos muito em comum.

Mas eu havia decidido que não me casaria antes que pudesse sustentar uma família, porque eu vira famílias se separando por causa de falta de recursos. Gertrude e eu discutimos isso ainda muito novos. Eu disse que iria para a faculdade de direito. Não sabia que uma guerra estouraria, e quando isso aconteceu eu lhe disse que, caso ela conhecesse outra pessoa, não deveria se considerar comprometida comigo. Mas ela esperou pacientemente. Durante toda a guerra, fui consolado por cartas e fotos da minha "garota pin-up". Ela guardou em uma caixa de sapatos todas as cartas que lhe enviei, e elas foram incluídas nos arquivos que, posteriormente, doei para o Museu Memorial do Holocausto dos Estados Unidos. Tornaram-se "tesouros nacionais". **Eu estimularia todos os jovens casais, mesmo nesta era moderna, a escrever cartas, cartões ou bilhetes um para o outro** – eles serão tesouros nacionais para vocês, especialmente no futuro. É importante que as pessoas das quais gostamos saibam quanto são queridas.

Quando me ofereceram o trabalho em Nuremberg, telefonei para Gertie de Washington e lhe perguntei se ela gostaria de passar a lua de mel na Europa. Ela respondeu:
– Eu adoraria.
Eu disse:
– Fechado.
Foi assim que a pedi em casamento. Nós nos casamos, e parti poucas semanas depois.

Na época, exceto algumas pessoas dos mais altos escalões, nenhuma esposa tinha permissão para acompanhar o marido a outros países. Assim que zarpei, Gertrude se candidatou a um emprego como secretária no departamento de guerra em Nuremberg, mas quando descobriram que o marido dela estava trabalhando na Alemanha a contratação foi cancelada. Minha esposa permaneceu sozinha em Nova York enquanto fui para Berlim e montei o escritório para recolher provas para Nuremberg. Morei em um alojamento para homens solteiros.

Quando as normas do Exército finalmente mudaram e dependentes puderam se reunir com os entes queridos na Europa, Gertrude pegou o primeiro transporte do Exército para esposas que zarparia de Nova York para a Alemanha. Mas o navio quebrou antes de deixar o porto, e a partida foi adiada por uma semana. Logo depois de levantar âncora, houve um incêndio a bordo. Só atracaram em setembro de 1946.

Para minha frustração, os homens não tinham permissão para ir ao porto receber as esposas. Portanto, fiz o que estava sob meu poder e providenciei para que fosse emitido um mandado de prisão contra ela, que eu tinha a intenção de entregar assim que o navio atracasse. Quando cheguei ao atracadouro, o guarda perguntou se eu tinha permissão para estar lá. Eu aleguei que estava lá para prender uma suspeita de ter cometido crimes de guerra e entrei.

Naquela altura, o navio já estava atracado. Ao me aproximar dele, as mulheres debruçadas sobre a mureta estavam gritando:

– Ali está Benny! Ali está Benny!

Gertrude, é claro, explicara a elas que "Benny estará lá" não importava quais fossem os obstáculos.

Subi a prancha de embarque procurando por ela. Finalmente a encontrei, então nos abraçamos e nos beijamos. O capitão ficou ultrajado:

– Quem é este homem? – disse ele. – Como ele entrou aqui? Retirem-no do meu navio!

Mostrei a ele meu passe, e o capitão disse que aquilo não valia nada. Promotores envolvidos no julgamento de crimes de guerra não costumavam abraçar a testemunha! Fui pego e levado para fora do navio. Enquanto eu estava sentado no píer, as outras mulheres me jogavam mensagens pedindo que eu telefonasse para seus maridos e informasse a eles que haviam chegado. Liguei para todos.

Gertrude me acompanhou a Berlim, onde foi contratada pelo Exército por causa do seu conhecimento de alemão. Eu precisava de pesquisadores alemães para analisar os arquivos, de modo que ela acabou trabalhando para mim. Morávamos em uma casa que tinha uma boa vizinhança. Foi um período divertido.

Passamos muitas noites felizes assistindo a apresentações de estrelas soviéticas da ópera e do balé nos palcos de Berlim, atrações pelas quais jamais teríamos condições de pagar em Nova York. De vez em quando, Gertrude interrompia minha agenda agitada para me lembrar de que deveríamos estar na nossa lua de mel. E tinha razão. **Seja compreensivo e apoie as obrigações do seu parceiro, mas vocês também podem e devem reservar algum tempo um para o outro.**

Nas nossas férias, tudo o que estava sob controle comunista era proibido, mas circulamos muito no restante da Europa. Fomos para centros recreativos nos Alpes Bávaros e para a Suíça. Em Milão, paramos na famosa casa de ópera e no posto de gasolina em cujas vigas do teto Mussolini fora pendurado pelos calcanhares. Ninguém pode dizer que os Ferenczs não eram românticos.

No início do pós-guerra na Alemanha, Gertrude comprou para nós um novo Mercedes sedã que datava aproximadamente de 1938. Um dos nossos primeiros objetivos era prestar nosso respeito à memória daqueles que haviam sido mortos em combate. Visitamos cemitérios militares e monumentos de guerra americanos, e consideramos colocar uma placa em cada portão com a pergunta: "Isso era realmente necessário?"

Ela era a Bonnie, e eu, o Clyde. Certa vez, dirigindo de Merano para Munique, não me dei conta de que os Alpes italianos se encontravam entre nós e nosso destino. Em uma demonstração da minha coragem e do meu comando, declarei que aquilo não era um problema e assumi a direção.

Logo ficou claro que não havia como chegar ao topo da montanha e que estávamos em uma posição precária na beira de um penhasco. A temperatura caía e a cidade mais próxima tinha ficado 32 quilômetros para trás. Provavelmente, morreríamos congelados se tentássemos caminhar de volta, e não havia ninguém a quem pudéssemos pedir ajuda.

Tremendo, Gertrude saiu do carro para me guiar. Afastei o carro da beira do penhasco com cuidado, temendo o balanço do pêndulo, e derrapei ainda mais para dentro de uma vala.

Naquele momento, meus pensamentos se voltaram para outro garoto húngaro de Budapeste com quem eu estudara na adolescência, um mágico chamado Harry Weiss – conhecido como Houdini. Ele escapava de caixas trancadas escondendo um pequeno macaco em seu corpo. Lembrei-me de que o Mercedes tinha um pequeno macaco e o utilizei para mover o carro um centímetro de cada vez de volta para a estrada. Você pode chamar isso de truque de mágica. Eu chamo de trabalho em equipe.

Eis aqui uma lição: **mesmo que você precise admitir que não pode fazer algo, é melhor voltar atrás caso se encontre na estrada errada.** Um motorista teimoso que segue na direção equivocada pode levar você a despencar do penhasco. Esta lição também se aplica a discussões.

～

Em outra ocasião, Gertrude e eu escapamos por pouco da morte saltando de paraquedas de um avião em chamas sobre as ruínas de Berlim. Em 1948, enquanto aguardávamos a decisão dos juízes sobre um dos casos, eu, Telford, o assistente de Telford e nossas esposas estávamos voltando de Berlim para Nuremberg em um velho avião C-47 a hélice com dois motores. O tempo estava terrível. Chovia, ventava, e a visibilidade era baixa. Nós nos prendemos aos arreios dos nossos paraquedas, que era o protocolo exigido em tais voos; quando Gertrude reclamou que as amarras estavam frouxas demais, falei brincando que ela provavelmente não cairia do avião (mais uma das minhas piadas sem graça).

Estávamos voando havia apenas alguns minutos quando o general Taylor reparou que vazava óleo do motor direito. Em um instante, o motor se incendiou e o piloto precisou desligá-lo imediatamente. O avião caía rápido, e o capitão gritou:

– Todos saltem!

Agarrei a mão de Gertrude e nos apressamos para o fundo do avião. Foi uma luta abrir a porta por causa do vento, e, enquanto eu tentava passar partes do meu corpo pelo vão, de repente a porta se abriu totalmente e caí nas nuvens.

Puxei a corda do meu paraquedas e caí no meio de um campo de futebol americano (não acredito que as tropas paraquedistas americanas me rejeitaram... quanto talento desperdiçado). Assim que recuperei o fôlego, corri para uma casa próxima e telefonei para a torre de comando, que me informou que o avião acabara de fazer um pouso de emergência. Mas uma mulher americana tinha saltado do avião antes que ele aterrissasse. Pedi que a descrevessem, e me disseram que ela estava usando um casaco xadrez.

– É a minha esposa! – gritei em alemão.

Quando finalmente encontrei Gertrude, ela estava desgrenhada e sofrera alguns cortes e arranhões. Quando me viu, ela se debulhou em lágrimas, histérica, pois concluíra que eu tinha morrido ao cair do avião. Mas ela me seguira de todo modo.

No dia seguinte, voltei para pegar meu paraquedas. Embora ele estivesse em um território sob o controle russo, expliquei que era propriedade do governo dos Estados Unidos. Mais tarde, ele se tornou nossa tenda favorita quando fazíamos festas de família no jardim da nossa casa.

∼

Gertrude e eu começamos a ter filhos quando estávamos em Nuremberg. Tivemos quatro em cinco anos. Eu queria doze – imaginei que uma dúzia sairia mais barato –, mas o médico disse que se eu quisesse doze, seria melhor arranjar mais duas esposas. Tivemos nossa primeira filha, Carol (que mais tarde mudou seu nome para Keri), quando eu tinha 29 anos. Pouco depois, tivemos nossa segunda filha, Robin Eve; nosso filho, Donald; e nossa última filha, Nina Dale.

Eu estava muito empolgado por ser pai. A vida com as crianças era uma delícia. Vivíamos em um lar feliz. Mas isso não significava que não havia problemas. Durante um período, quando as crianças estavam na adolescência e fora de controle, Gertie e eu fomos pedir orientação a um psiquiatra. Ele disse que precisávamos aguardar até que eles se acalmassem e que tudo ficaria bem, pois tinham bons pais, um bom lar, uma boa criação. **Lembre-se disto: a adolescência é um período de insanidade temporária.** Todos fizemos loucuras.

Gertrude lidava melhor do que eu com as situações das crianças. Talvez porque, como chefe da família, eu tinha a tarefa especial de tentar ajudá-las a evitar perigos. Depois de um semestre inteiro em um colégio interno na Inglaterra, por exemplo, minhas filhas mais velhas voltaram para casa porque a mãe, que nunca se entusiasmara com a ideia, as queria por perto. Irritadas com a interrupção das férias no exterior, as garotas anunciaram que fugiriam de casa. Gertrude comprou uma mochila para cada uma, deu algum dinheiro para elas, insistiu em que informassem ao médico da família para onde estavam indo e as advertiu de que nunca pegassem carona. Na noite seguinte, ela me acordou para dizer que nossas filhas estavam fugindo de casa. Com 16 anos, Keri amarrara uma corda na janela do seu quarto para escapar clandestinamente, e Robin, com 15 anos, saiu pela porta da frente. Um dia depois, nossas meninas foram detidas por policiais enquanto pegavam carona na área de Laurel, Maryland, e prontamente conduzidas para um centro de detenção infantil próximo. Ficamos muito aliviados.

Liguei para o juiz e expliquei que eu era advogado e também o pai das duas jovens, e queria lhe pedir um favor. Perguntei por quanto tempo, legalmente, ele poderia deter nossas filhas.

– Não estamos administrando um hotel – respondeu ele.

Pedi desculpas e disse que reembolsaria de bom grado o Estado por quaisquer despesas, mas temia que, caso nossas filhas fossem liberadas logo, elas fugissem de casa de novo com a mesma celeridade. O juiz as deteve por dez dias, durante os quais a mãe fez várias tentativas frustradas de pagar a fiança delas. Nunca mais fugiram de casa.

~

Depois que encerrei todos os procedimentos de Nuremberg, fui abordado por organizações judaicas que queriam que eu ficasse e criasse programas de restituições. Só voltamos para a América quando meu filho estava chegando à idade de ir para a escola, porque eu não queria que as crianças estudassem na Alemanha. Nos Estados Unidos, mais uma vez, lutei para conseguir trabalho. As grandes firmas de advocacia diziam: "Ótimo, se algum dia precisarmos enforcar um nazista, chamaremos você."

Assim, comecei a assumir casos típicos de Nova York, como alguém que caía no metrô e quebrava a perna, antes de abrir um escritório de advocacia com meu velho amigo e sobrevivente do acidente de avião, o general Telford Taylor. Tornei-me conhecido como o advogado que assumia casos perdidos por honorários circunstanciais – casos de liberdade de expressão, macarthismo e assim por diante. Eu investia meu dinheiro sábia e cautelosamente e, de garoto pobre, me tornei um sujeito relativamente rico. Isso significava que eu podia doar tudo para boas causas, e continuo fazendo isso.

Logo que as crianças tiveram idade suficiente para ficarem com uma babá, Gertrude voltou para a escola e obteve seu diploma, aos 45 anos. Fui com todos os filhos à cerimônia de formatura. Os boletins dela eram sempre melhores que os dos filhos. Fez outros cursos de educação avançada à noite, obteve um mestrado em educação em saúde e finalmente estava pronta para lecionar. Não demorou para conseguir um novo trabalho acadêmico.

Infelizmente, seu primeiro emprego como professora seria o último. Ela foi contratada por uma escola de ensino médio barra-pesada na qual as portas das salas de aula com frequência precisavam ficar trancadas. Era um trabalho árduo e assustador. Suas solicitações para que as turmas fossem reduzidas à metade eram ignoradas. Juntos, concordamos que ela encontraria um emprego mais seguro, e Gertrude se ofereceu como voluntária para o departamento de Planejamento Familiar. Lá, atendia meninas jovens, algumas vítimas de estupro, que iam em busca de orientação e de aconselhamento sobre gravidez. Com medo de contar aos próprios pais, médicos ou padres, elas estavam desesperadas por ajuda. Durante os vários anos em que trabalhou lá, Gertrude nunca tentou impor a outra pessoa o que deveria fazer: apenas apresentava as opções. Mas sei que aquilo a afetava muito.

E seguimos assim. Nos últimos anos da nossa vida juntos, fugíamos dos invernos gelados da nossa casa em New Rochelle, Nova York, para um pequeno condomínio de apartamentos que nos servia de refúgio em Delray Beach, Flórida. É onde vivo agora e onde meus filhos vêm me visitar. Meu relacionamento com eles é bom. Meu filho se tornou advogado e vem trabalhando comigo em questões relacionadas à paz mundial. Todos têm formação universitária e todos estão aposentados.

∼

Gertrude morreu em 14 de setembro de 2019. Tenho uma foto dela em seu leito de morte. Em outras fotos, ela parece uma atriz de cinema. **Mas também era linda por dentro, o que é mais importante.** Sou muito grato pela presença dela na minha vida. Fomos casados por 74 anos sem nenhuma briga, e nos cortejamos mutuamente por uma década antes disso. Tive muita sorte. Eu estava ao seu lado quando ela morreu, e segurei sua mão a noite inteira. Sinto muitas saudades.

Não posso dizer o que mais gostava nela, porque gostava de tudo. Ela era gentil, inteligente, bondosa, pouco exigente, tolerante. **Todas as diferenças de opinião eram superadas porque respeitávamos as opiniões do outro.**

Ela era muito paciente, uma boa mãe e uma boa esposa. Sempre acreditava no que eu estava fazendo e tolerava minhas ausências. Todos os meus livros foram dedicados a ela, porque eu lia todos os rascunhos para ela, e ela fazia sugestões e comentários.

Nossa parceria era verdadeira. Ela foi uma companheira constante ao longo de toda a minha trajetória, compartilhando problemas e aspirações. Sua paciência e sua compreensão eram apoios vitais a todos os meus esforços para criar um mundo mais pacífico. O adágio de que por trás de todo grande homem há uma grande mulher parece ser verdadeiro. O fato de nós dois termos origens parecidas, termos enfrentado dificuldades parecidas, compartilhado valores e objetivos parecidos e sermos igualmente determinados a fazer do mundo um lugar melhor criou um laço que durou décadas.

Conquistar o afeto dela foi minha vitória mais importante.

8

SOBRE RESISTÊNCIA

Dê mais um empurrãozinho na pedra montanha acima

Sobrevivi à guerra por pura sorte. Eu era baixo, então as balas voavam por cima da minha cabeça. **Há sempre um aspecto positivo nas nossas limitações.** Subi do posto de soldado raso a coronel, o equivalente civil a general-brigadeiro, o que não é um título sem importância. O Exército não era minha carreira favorita, mas por meio de trabalho duro e sendo útil fiz carreira nele. Se eu não tivesse entrado para o Exército, minha vida poderia ter sido muito diferente. Às vezes, apresentam-nos escadas que não queremos subir – mas isso não significa que não possamos subir e tampouco que detestaremos a vista enquanto subimos. **Não rejeite a situação à sua frente porque ela não é perfeita ou não corresponde ao seu sonho.** Esforce-se ao máximo, faça o melhor que puder e você talvez descubra que essa opção é mais recompensadora do que imaginava no começo.

Nuremberg não representou o fim da capacidade da lei de lidar com as consequências da guerra, e o que veio em seguida levaria muitos anos. No meu primeiro ano na Faculdade de Direito de Harvard – no curso de atos ilícitos –, aprendi algo que qualquer pessoa com um coração e uma mente independentes acataria. **Se você provoca uma injustiça, tem a obrigação de compensar a pessoa injustiçada e de reparar o mal.** Agora era hora de testar esse princípio na maior escala de todas.

Jamais na história da humanidade a nação derrotada pagara compensações para as vítimas individuais que sofreram com seu ato ilegal, mas eu achava que era o momento de mudar isso. Partindo do princípio mais simples da lei de atos ilícitos, eu me perguntei: bem, como fazemos para obter compensação pelo que aconteceu nos campos de concentração?

Depois da guerra, os novos países Alemanha Ocidental e Alemanha Oriental precisaram lidar com seu passado recente. Não era uma tarefa fácil. O chanceler da Alemanha Ocidental de 1949 a 1963 foi Konrad Adenauer, um católico devoto e antinazista. Em 1951, em um discurso público, ele reconheceu que crimes terríveis tinham sido cometidos contra o povo judeu e que havia a obrigação por parte da Alemanha de tentar minimizar os impactos.

Tomando por base esse discurso, o presidente do Congresso Judaico Mundial, Nahum Goldmann, convocou uma conferência para avaliar as alegações dos judeus contra a Alemanha. Chamou-se "A Conferência de Nova York sobre Alegações Materiais Judaicas contra a Alemanha", aconteceu em um hotel e eu estava presente. Eu já havia sido indicado pelo governo militar para recuperar propriedades judaicas não reivindicadas por vítimas individuais, de modo que era considerado um especialista. O presidente convidou outras grandes organizações judaicas de caridade para participar da conferência com o intuito de começar a discutir uma reação conjunta ao discurso de Adenauer.

Lembro-me de que as portas da conferência foram abertas à força por um grupo de jovens judeus que se opunham a sequer discutir a questão das compensações. A atitude deles era: "O quê? Vocês vão se sentar e conversar sobre dinheiro com os assassinos dos meus pais? Vocês não têm vergonha?" O mesmo sentimento prevalecia no recém-criado Estado de Israel, que vinha protestando contra a questão. Em linhas gerais, ficou combinado que a conferência se reuniria com o governo da Alemanha Ocidental. Logo concordamos que não trataríamos do valor da vida humana, porque não há como discutir se vovô valia mais do que vovó. É algo extremamente delicado. Pediríamos indenizações por danos específicos. Se fosse possível compensar o indivíduo, isso deveria ser feito; se não fosse, seria necessário tomar outras providências, como aprovar leis para protegê-lo no futuro e criar um conjunto de normas para comportamentos apropriados e inapropriados.

E foi assim que, ao lado de um grupo de representantes de todas as principais organizações judaicas do mundo, ajudei a negociar um tratado entre o Estado de Israel – que não existia na época em que os crimes tinham sido cometidos –, a Conferência sobre Alegações e o novo governo alemão, que também não existia na época em que os crimes haviam ocorrido.

Era um feito considerado impossível, sem precedentes na história. Mas a Alemanha Ocidental deu bilhões para Israel, para a Conferência sobre Alegações e para outras vítimas dos nazistas, tanto judeus quanto não judeus. Não foi simples nem fácil, mas vale se lembrar disso na próxima vez que você tiver uma boa ideia que todos lhe disserem ser irrealizável. A maior realização da minha carreira foi o que fiz em conexão com as compensações para os sobreviventes da perseguição nazista. **Tudo é impossível até que seja feito.**

Naquela altura da minha vida, eu tinha visto muitas coisas antes impossíveis acontecerem, e estava determinado a lutar por mais uma. **É preciso ver para crer.**

Espero que minha história sirva de inspiração para outras pessoas, e ela certamente pode servir. Mas a história de um único sujeito não basta para manter viva essa crença, então alguém que se parece com você, fala como você, vem do mesmo lugar que você provavelmente terá mais importância na sua vida. Procure essas pessoas e suas histórias e recorra a elas quando suas ambições parecerem incertas ou quando estiver diante de desafios. Lutar para realizar suas esperanças e seus sonhos – sejam quais forem – pode fazer com que você se sinta caminhando sobre o mar. Construir uma rede de histórias pode ajudá-lo a ver que há fundações tão altas sob seus pés que é como se você caminhasse na muralha de um castelo.

Quando você se tornar uma pessoa que conquista o impossível, compartilhe amplamente sua história para que outros que se pareçam e falem como você também possam acreditar em si mesmos.

~

O juiz principal em Nuremberg, Michael Musmanno, acreditava profundamente que "onde existe a lei, um tribunal será erguido". Para ele, um tribunal penal internacional era um meio de reduzir futuros crimes contra a humanidade e de combater o ódio e a violência entre ideologias. Musmanno manifestava a esperança de que a humanidade, com uma combinação de inteligência e vontade, seria capaz de manter um tribunal que "preservaria a raça humana". Adotei essa esperança e ainda a alimento.

Quando deixei o programa de reparações, tive uma reunião com o conselheiro israelense para as Nações Unidas, Dr. Jacob Robinson, que também era um amigo respeitado, e contei a ele que queria trabalhar na criação de um tribunal penal internacional permanente. Robinson disse:

– Ben, lamentamos ver você partir, e você assumiu uma tarefa impossível, mas valerá a pena se conseguir realizá-la.

Hoje, o que aconteceu na Segunda Guerra Mundial pode parecer um filme mas foi real, e a batalha do nosso tempo é impedir que volte a acontecer. Escrevi doze volumes sobre como podemos fazer isso, mas, em resumo, tudo começa e termina com uma ideia simples: mudar a maneira de pensar das pessoas a respeito de como resolvem seus conflitos.

Dediquei-me à minha nova tarefa porque era a coisa

certa a fazer. Recomendo fortemente que você pense nesses termos quando estiver dividido entre perseguir ou abandonar uma meta. **Não pense em fácil versus difícil. Se for uma questão de certo versus errado, siga o que é certo.**

No começo da década de 1970, abandonei a prática comercial de advocacia para me dedicar à causa da justiça internacional. Escrevi livros, participei de todas as reuniões das Nações Unidas, fiz lobby com todas as pessoas, escrevi artigos, dei palestras. Eu dizia: "Vejam, tivemos um tribunal em Nuremberg depois da Segunda Guerra Mundial. Vocês vão deixar isso de lado e não criar mais tribunais? Vão jogar tanto esforço no lixo?"

O Tribunal Penal Internacional finalmente se tornou possível em Roma, em 1998. Fiz um discurso de abertura na conferência da Assembleia Geral das Nações Unidas em favor da criação do tribunal, diante de representantes de 166 países-membros. Eu vinha incomodando havia muito tempo. Disse que o lugar era ali e que o momento era aquele, e que viera em nome dos que não têm voz: as vítimas.

No outono de 2000, no final do governo Clinton, o prazo-limite para assinar o Estatuto de Roma se aproximava. Um dia, recebi um telefonema de Robert McNamara, secretário de Defesa dos Estados Unidos de 1961 a 1968, durante a Guerra do Vietnã. Ele pediu que eu escrevesse um artigo para a página de editorial do *The New York Times* que nós dois pudéssemos assinar convocando os Estados Unidos a ratificarem a criação do Tribunal Penal Internacional. McNamara foi o arquiteto da resposta militar no Vietnã. Eu disse a ele:

– Secretário, o senhor se deu conta de que, se tivéssemos tal tribunal, o senhor seria um dos primeiros réus?

Ele respondeu que estava ciente e que, caso soubesse que suas ações eram ilegais, não as teria realizado. Portanto redigi a carta.

Deve ter sido uma combinação poderosa, porque Clinton finalmente decidiu assinar o tratado. Foi um dos últimos atos oficiais do seu mandato.

Infelizmente, o sucessor de Clinton, George W. Bush, disse que não desempenharíamos mais nossa obrigação como Estado signatário. O processo político é assim. Em julho de 2002, sessenta países ratificaram o Estatuto de Roma, criando o Tribunal Penal Internacional. Os Estados Unidos não estavam entre eles.

～

Embora eu nunca tenha ocupado uma posição oficial (o que é ótimo, porque ninguém me paga, mas tampouco podem me demitir), obtive uma credencial das Nações Unidas como representante de uma organização não governamental. Assisti a pelo menos cem reuniões e ouvi pelo menos mil diplomatas dizerem que não podiam definir agressão, o que era a maior e a mais pura besteira. Eles vasculharam meticulosamente a definição proposta, em busca de problemas que lhes dessem a desculpa para votar contra ela. Uma das maiores dificuldades foi a política dos Estados Unidos de se opor a qualquer tribunal internacional permanente.

Todo país que levasse um caso ao tribunal teria seu auxílio cortado. **Os poderosos sempre temerão qualquer um que tente limitar seu poder.**

Contudo, se os Estados Unidos eram os maiores opositores do tribunal, o maior defensor era o jurista mais respeitado do país, o juiz Robert Jackson, promotor geral dos Estados Unidos no Tribunal Militar Internacional em Nuremberg. Essa divergência de opiniões existe até hoje. A maioria das mudanças propostas na vida – não importa se grandes ou pequenas – gera oposição. **As pessoas não gostam de mudanças e podem se sentir ameaçadas por elas.** Mesmo quando aquilo que você está dizendo parece tão óbvio para você que o argumento de seu adversário soa como "a grama é rosa e o céu é amarelo", ainda assim haverá resistência. **Aceite esse fato e tente não desperdiçar seu tempo sentindo raiva quando isso acontecer. Economize energia para o que quer que você esteja tentando fazer.**

Embora o governo americano atual diga "Que tribunal? Isso não existe", e o presidente, caso saiba de qualquer coisa a respeito, dê ouvidos aos seus conselheiros, o que, invariavelmente, leva aos assassinatos de costume, tive contato com pessoas na Casa Branca que simpatizam com o que estou tentando fazer. Matar não é nem jamais será a minha abordagem – e eu sou um soldado com cinco estrelas por participação em batalhas. Muitos concordam comigo. Da mesma forma que haverá opositores, também haverá pessoas que gostam de você. **Encontre-as, torne-se amigo delas, faça com que apoiem você e procurem apoiar-se mutuamente.**

No final da década de 2000, o promotor geral do Tribunal Penal Internacional, Luis Moreno Ocampo, da Argentina, me ligou e pediu:

– Ben, estamos nos aproximando do encerramento do nosso primeiro caso e gostaríamos que você fizesse os comentários finais da promotoria.

Ele estava tentando ligar Nuremberg ao primeiro julgamento do tribunal. Era o caso do déspota congolês Thomas Lubanga Dyilo, acusado de recrutar crianças para o exército. Ele foi condenado e, até onde sei, ainda está na prisão. Foi uma pequena vitória, um passo importante na tentativa de provar que não se pode escapar ileso desse tipo de crime gigantesco. Embora tenha havido falhas e dificuldades – vamos chamá-las de dores de crescimento –, espero que o simples fato da criação do tribunal proporcione algum estímulo caso você esteja tentando tirar algo do papel há alguns anos ou décadas. **O fato de ainda não ter acontecido não significa que não acontecerá. Não espere perfeição.**

∼

Não podemos continuar resolvendo conflitos por meio do sistema atual, no qual, se um chefe de Estado não concorda com outro chefe de Estado, jovens do país A são enviados para matar jovens no país B – que eles nem sequer conhecem e, provavelmente, nunca lhes fizeram mal. Eles seguem matando uns aos outros até cansarem. Então param, os dois lados se declaram vitoriosos e depois começam tudo de novo. Em outra carta publicada recentemente no *The New York Times*, escrevi sobre o anúncio do governo americano de que, por ordem do presidente, os Estados Unidos "eliminaram" um importante líder militar de outro país, com o qual não estamos em guerra. Eu disse que tal ato imoral era uma clara violação das leis nacionais e internacionais e que o público tinha o direito de saber a verdade. Aleguei que corríamos um perigo mortal, a menos que mudássemos os corações e mentes daqueles que parecem preferir a guerra à lei. Remeto você ao Capítulo 6 (Sobre a verdade): mesmo quando parece que ninguém está ouvindo a sua verdade, você deve dizê-la, por você mesmo e pela sua consciência.

Segundo meus estudos, são três as principais causas das guerras: a religião, o nacionalismo e as circunstâncias econômicas. Se as pessoas sentem que seu deus e sua nação estão ameaçados, ou que seus filhos e suas esposas passam fome, elas estão dispostas a matar e a morrer.

Desde que o pequeno Davi derrotou o grande Golias, acreditamos que é ótimo atirar pedras. Fracassamos em reconhecer que não se pode matar uma ideologia com uma pistola. Achamos que invadindo e assassinando metade dos inimigos sairemos vitoriosos. É um pensamento idiota. E é o pensamento que prevalece hoje. Neste exato momento, existem dezenas de países se atacando. Às vezes, como em Ruanda, há pessoas do mesmo credo e da mesma cor, somente com algumas diferenças religiosas, massacrando umas às outras.

Não se resolvem problemas matando inocentes – não são eles que estão mexendo os pauzinhos. Especialmente se considerarmos que, na era do ciberespaço, a próxima guerra será a última. Será o fim deste planeta. Todos devemos condenar a guerra, o mais cedo possível. Como podemos fazer isso? Uma palavra: devagar.

Quando embarquei na cruzada para criar o Tribunal Penal Internacional, estava ciente de que, provavelmente, eu não o veria funcionando no decorrer da minha vida. Leva-se mais do que a duração de uma existência para reverter algo que tem sido glorificado há anos. Mas a simples ciência de que eu poderia realizar alguma melhora, dar mais um empurrãozinho na pedra montanha acima, foi suficiente para mim.

Há três lições que espero que você aprenda com isso. Primeira: vale a pena fazer algo mesmo que você não esteja mais presente para ver o resultado ou colher as recompensas. É uma atitude nobre querer fazer algo de que outras pessoas se beneficiarão, e deveria ser natural desejar isso aos nossos sucessores. Não me refiro somente a depois que você deixar esta vida; refiro-me ao que ficará depois que você deixar um emprego, uma instituição governamental ou uma escola. **Aja pelos interesses das pessoas que herdarão o que você fez.** Segunda: nenhum homem é uma ilha. Você não pode fazer tudo. **Equipes, comunidades e amigos são cruciais para nosso êxito hoje e sempre.** E terceira: não se deixe distrair pela velocidade. Lembre-se da fábula da tartaruga e da lebre. **Nem todas as coisas boas podem ser realizadas rapidamente, e ser rápido não garante o sucesso.** Lutar por mudanças não me exaure. Se você sente que a recompensa vale a pena, não permita que qualquer coisa com que você se importe o deixe exausto. A esperança de mudar a mentalidade das pessoas sobre a guerra me manteve firme em meu caminho por quase 75 anos.

Se o que você está transformando existe há muito tempo, a mudança demorará mais para ocorrer. Sempre será difícil mudar ao longo de uma vida algo que tem sido enaltecido por séculos. Você pode não ter reparado, de tão entranhado na nossa cultura, mas nós ainda aclamamos a guerra – as paradas, as bandeiras tremulando e os soldados marchando. Nunca compareço às comemorações de 4 de Julho, o feriado da independência dos Estados Unidos. O clarão dos rojões, as bombas explodindo no ar enquanto todos aplaudem me parecem horríveis, porque vivi e vi aquilo – o bombardeio de pessoas inocentes. Que diabos vocês estão celebrando? Mocinhos e bandidos? Adolf Hitler dividiu o mundo entre bons e maus. Ele foi alguém que afirmou ao seu país: "Somos os melhores." *Deutschland über alles.* Ele acreditava nisso. Onde ele está agora? Os nazistas assassinaram milhões, e qual foi o resultado? O atual governo alemão está bastante de acordo com minha visão. A Alemanha Ocidental me deu – a mim, outrora o inimigo – sua maior condecoração civil. Sou o cara que matou alguns dos seus heróis e enfiou um programa de compensação goela abaixo do governo alemão.

Líderes e povos que dizem que seu país é o melhor, ou que *querem* que seja o melhor, são tacanhos. O mundo é enorme, e nele todos podem coexistir pacificamente, senão ele não é nada. Pessoas que só se importam em tornar sua nação a melhor parecem crianças brigando pelo seu lugar no parquinho. As que dizem que um mundo unificado não é possível não têm visão ou então se beneficiam do status quo.

Agora tenho 101 anos e me sinto muito recompensado pelo progresso que vi. Disseram-me que ele jamais aconteceria, mas está acontecendo; estamos vendo melhoras. Existem leis de todo tipo para proteger os direitos humanos em todos os lugares. Elas não são muito bem aplicadas, mas temos tribunais, inclusive o Tribunal Penal Internacional. Isso é suficiente? É claro que não. Será suficiente algum dia? É claro que sim. Progredimos mais do que poderíamos imaginar. Todas as universidades do mundo possuem cursos de direito internacional e de legislação sobre direitos humanos, que não existiam quando eu estudei. Na Constituição dos Estados Unidos as mulheres não tinham o direito de votar e não podiam ter propriedades. Agora, temos mulheres e negros disputando e conquistando a Presidência. O progresso é real. **Não se preocupe com o fato de sentimentos se intensificarem e perderem a força; o que importa é a tendência.**

～

De volta ao Tribunal Penal Internacional. No momento, é muito difícil fazer o tribunal funcionar mais rápido. Muitos suspeitos e seus cúmplices estão no comando dos países onde crimes graves estão sendo cometidos; provavelmente, eles não permitirão que ninguém os investigue, o que dificulta a obtenção de provas ou testemunhas. O fato de termos um tribunal já é um grande sucesso. O fato de ele estar enfrentando dificuldades com casos não é de surpreender. Mas as pessoas por trás dele estão dando o melhor de si em circunstâncias difíceis. O tribunal é reconhecido, e fazem de tudo para eliminá-lo porque o temem. Embora não possamos assegurar os indiciamentos, pelos menos estamos mantendo a ameaça de indiciamento, e temos um tribunal que já possui autoridade em muitos casos. Começamos a estabelecer precedentes para definir o que é aceitável.

Muitos chefes de Estado que cometem crimes de guerra passaram a se inquietar com a possibilidade de um dia estarem diante de um tribunal. Até agora, as nações mais poderosas não estão muito preocupadas porque possuem as próprias armas nucleares. Mas não é tão difícil enfrentar líderes mundiais, quer tenham armas nucleares ou não. Sabe por quê? Porque tenho razão. Como posso enfrentar um sujeito como o presidente? Facilmente. Falando a verdade. **Acredite no que está fazendo e você não poderá ser intimidado.**

Os seres humanos deveriam tratar os outros como gostariam de ser tratados, mas fracassamos nisso todos os dias. Vejo pelos noticiários. As pessoas não deveriam se matar mutuamente porque têm cores diferentes. Não deveriam negar educação ou odiar aquele grupo específico, ou tirar um bebê do seio da mãe e dizer "Seus documentos não estão em ordem, cuidaremos da criança, saia daqui", e afugentá-los de volta para o país do qual fugiram, aterrorizados. Não se pode fazer isso em um mundo civilizado.

Em teoria, a maioria das pessoas concorda, mas na prática têm suas ressalvas. Porém ou você é civilizado ou não é. Não existe "se" nem "mas" quando se trata de ser humano. A luta para fazer com que os poderosos admitam isso continua.

Seja lá o que for que você deseje realizar, não se preocupe se não der certo de cara, apenas se certifique de que outras pessoas a quem você possa passar o bastão estejam atentas. Fiz um discurso há uns dois anos para uma sala abarrotada de jovens. A ovação foi incrível. A premissa de que as pessoas não podem ser estimuladas não está correta. Existem distrações em excesso. A maioria dos jovens não tem tempo para se preocupar com política, pois estão pensando no próximo jogo de futebol americano ou na próxima festa. Será preciso insistir. O futuro pertence a eles; quando de fato entenderem isso, nada os deterá.

Mas vocês, crianças grandes no segundo plano, não desistam ainda. Não permitam que ninguém lhes diga que seu tempo acabou. **Sejam apaixonados por algo, mantenham essa chama acesa, e vocês também seguirão em frente.** Vi tantos horrores que não consigo descansar. É uma obrigação com minha própria consciência. Preciso continuar tentando fazer deste mundo um lugar mais humano para todos. Você pode pensar que fiquei cansado ou cínico com a idade, mas, na verdade, a passagem do tempo me trouxe mais energia, e espero que este fogo dentro de mim se espalhe. **Seja positivo.** Seja lá o que for que o incomode, não importa quão grave pareça, saiba que você é capaz de superar. Tenho certeza de que sobreviveu a coisas piores. É isso que me guia.

Lembre-se: se você não conseguir chegar a uma resposta satisfatória, pode empurrar um pouco mais a pedra montanha acima. Aumentar a pressão. Escrever um pouco mais. Aprender um pouco mais. Disseminar sua mensagem. Recrutar mais pessoas. Nunca desista. Um dia, veremos o topo da montanha.

9
SOBRE O FUTURO

Olhos atentos no horizonte e mãos no leme

O título deste livro refere-se ao fato de eu estar no meu centésimo primeiro ano de vida, que talvez seja o último. Se eu puder fazer qualquer coisa a respeito, viverei mais 101 anos, e estas estarão longe de ser minhas "palavras de despedida" (sou conhecido por ser generoso com as minhas opiniões, e pretendo continuar assim).

Como este é o último capítulo do livro, pelo menos por enquanto, eis algumas palavras de despedida que, assim espero, ajudarão você a progredir e a viver uma vida longa, feliz e significativa. Aguardo muito ansiosamente o seu centésimo aniversário.

~

Fique atento à sua saúde e ao seu preparo físico. Eu costumava nadar todos os dias, mas, caso você esteja preocupado com sua falta de aptidão natural para fazer exercícios, vale observar que nem sempre tive facilidade na água. Na escola, precisávamos ser aprovados em um teste de salva-vidas da Cruz Vermelha, e uma das exigências era flutuar imóvel por uns dois minutos. Eu disse ao professor de natação que não sabia flutuar. Ele respondeu:

– Bobagem, o corpo humano flutua naturalmente. – E afirmou que provaria isso.

O professor me levou até a borda da piscina, pediu-me que respirasse fundo, abraçasse os joelhos junto ao peito e rolasse para dentro d'água com o rosto para baixo. Ele me assegurou que eu flutuaria como uma rolha. Fiz o que ele mandou e, exatamente como eu avisara, afundei de cabeça na piscina. Ele disse que eu era a primeira pessoa que ele conhecia que não flutuava. Tranquilamente, informei a ele que era porque eu tinha pedras na cabeça – algo que tinha ouvido com frequência.

Percebendo uma oportunidade, o professor me perguntou se eu gostava de bananas. Respondi que sim. Ele explicou que haveria um show aquático no final do semestre e que eu poderia desempenhar um papel inesquecível. Tudo o que eu precisava fazer era mergulhar na piscina com uma banana, ir até o fundo, onde eu descascaria a banana, colocaria na boca e cuspiria a água, e então subir de volta à superfície abanando a casca para o público. E foi o que fiz, para a alegria da plateia impressionada. Foi um show e tanto.

Anos depois, eu estava almoçando em um bistrô em Paris e reparei que um sujeito na mesa ao lado não parava de me olhar. Finalmente, ele se aproximou e disse:

– Seu nome é Benny?

Feliz por ter sido reconhecido pelo meu trabalho, respondi que sim. Ele me deu um tapa nas costas e comentou:
— Rapaz, na última vez que o vi, você estava totalmente pelado debaixo de quase três metros de água comendo uma banana.

Atualmente, sigo um regime de exercícios que eu mesmo inventei e toma cerca de vinte minutos todas as manhãs. Tento exercitar todos os músculos do meu corpo o máximo que consigo. A primeira coisa que faço quando acordo é me alongar na cama. Dou pedaladas deitado de barriga para cima. Depois, faço 25 abdominais. Em seguida, levanto-me da cama, abro a porta, vejo como está o tempo e faço exercícios respiratórios para me livrar do ar parado nos meus pulmões. Inspiro e expiro 25 vezes, e curvo meu corpo para baixo até a metade, depois até um quarto, enquanto sacudo os braços como um pássaro voando. Os vizinhos, é claro, estão convencidos de que sou louco.

Ligo o rádio para ouvir qualquer notícia estúpida e flexiono algumas vezes os joelhos. Depois, deito-me de bruços no chão e dou chutes para trás, como um jumento. Por fim, faço minhas flexões. Eu costumava fazer cem; reduzi para 75 agora.

～

Fumar, beber e ingerir comidas pesadas fazem mal à saúde, mas você já sabia disso.

∼

Uma boa noite de sono é muito importante para limpar a consciência. Durmo entre oito e dez horas por noite, e tenho a sorte de nunca ter tido dificuldade para adormecer. Com frequência, me perguntam como eu conseguia descansar depois de testemunhar os horrores da guerra, mas a resposta é simples: eu estava tão cansado que apagava.

∼

Quando eu estava passando por um teste físico para ser aceito no Exército, o médico me perguntou se eu tinha algum problema, e eu respondi que tinha acidez excessiva no estômago, o que significava que, com frequência, tinha dores de estômago se não me alimentasse direito. Ele falou que no Exército eu não teria acesso às comidas de que precisava, de modo que me reprovaria. Fiquei muito decepcionado. Pedi a ele que me deixasse tentar, dizendo que ele poderia se livrar de mim posteriormente se não funcionasse. Sobrevivi. Sempre tente fazer as coisas. Você já é melhor do que imagina.

∼

A vida não é perfeita e quando testemunhamos horrores ou passamos por muitas dificuldades é difícil ser verdadeiramente feliz o tempo todo. Mas podemos encontrar contentamento na realidade. Tive uma vida plena, gozo de boa saúde, me casei com uma mulher maravilhosa. Nossos quatro filhos tiveram uma boa educação e possuem consciência social. Eles não estão no hospital ou na prisão. Só esses fatos já fazem de mim um cara de sorte. Existem fatos que fazem de você uma pessoa de sorte também. É só procurar.

Sou nova-iorquino, e somos fortes e especiais, mas não há nenhum lugar como Paris.

Leia livros que inspirem você. Gosto mais de não ficção, principalmente livros sobre religião. Mas meu favorito, acredite ou não, é *Guerra e paz*. Quando a guerra terminou, eu estava de licença na Suíça e meu grupo partiu inesperadamente. Então peguei carona em um barco no qual ninguém a bordo me conhecia. Constantemente, tentavam me passar algum trabalho pesado. Eu me escondia sob a escadaria e ficava lendo esse livro.

Tenha fogo nas suas entranhas.

∼

Não siga tendências, crie as suas. Tenho uma cuidadora muito boa atualmente, e digo a ela que vou sair calçando um sapato preto e outro vermelho. Ela retruca:
– Você não pode fazer isso.
Eu digo:
– Por que não? Só quero defender o ponto de vista de que, se esses sapatos são perfeitamente bons, por que precisam combinar?
Se eu fosse um astro de cinema, as pessoas copiariam a ideia e usariam sapatos vermelhos e pretos combinados.

∼

O futuro é imprevisível, e os planos mais bem elaborados dão errado. Mantenha o olhar no horizonte, porém, o mais importante, esteja presente: suas mãos são necessárias no leme, e o futuro tem o hábito de cuidar de si próprio.

∼

Não morra com um monte de dinheiro no banco. Que bem ele fará lá? Tenha o bastante para um dia de necessidade, depois doe para caridade, se puder, e compartilhe com sua família.

~

Fracasso é um estado mental. Trate-o como um obstáculo no caminho do sucesso, não como um beco sem saída. Se você tropeçar, levante-se e continue indo em frente. Faça o que puder para que o mesmo obstáculo não derrube você outra vez.

~

Nunca deixe ninguém dizer que quer morrer por seu país. Isso é burrice. Você deve querer viver por seu país.

~

Todos devem ser considerados inocentes até que sua culpa seja provada.

~

Jamais confie em um político. Eles estão interessados em tentar se reeleger, e são bastante ambiciosos para atingir essa meta. Não estou dizendo que todos os que ocupam uma posição política são corruptos. Alguns caem lutando e fazem tudo que podem, independentemente do cargo, mas muitos pensam primeiro em si próprios, e o interesse público fica em segundo plano. Responsabilize os políticos por suas ações, sobretudo se você votou neles.

Como curar um coração partido? É como quando me perguntam como se obtém um mundo pacífico. Há uma resposta de dez volumes para as duas questões, e também uma resposta de uma palavra: devagar.

Não importa quão séria seja a situação, é importante se divertir. Divirto-me todos os dias. Como você deve ter percebido, gosto de ser engraçado.

Até mesmo Nuremberg foi um período muito divertido. Conquistei a reputação de ser um homem que conseguia criar fontes inesgotáveis de cerveja grátis. Os advogados do Gabinete de Conselho Maior de Crimes de Guerra estavam hospedados em um casarão a cerca de 15 quilômetros do tribunal, eufemisticamente chamado de "alojamento de solteiros". Maravilhoso, só que não nos forneciam nenhuma comida. Meus colegas me elegeram para encontrar uma solução. Primeiro, telefonei para o setor de transportes e mandei enviarem um jipe para onde estávamos. Quando eles tentaram fazer jogo duro, perguntei como se sentiriam se a morte por inanição da equipe do general Taylor recaísse sobre os ombros deles.

Levei o jipe até o depósito do mestre quarteleiro, onde preenchi alguns formulários para autorizar a distribuição de comida para um novo refeitório. Uma das perguntas se referia ao número de pessoas que seriam servidas. Sendo um homem honesto, respondi que havia seis.

– Sinto muito, amigo – disse o sargento em serviço. – Deve haver no mínimo 25. Não posso ajudá-lo.

Eu sabia que o turno do sargento terminaria em meia hora; portanto, agradeci, desejei a ele tudo de bom e parti. Dei uma volta com o jipe e voltei para cumprimentar o novo militar em serviço. Quando ele chegou à pergunta sobre quantos homens seriam alimentados, sendo um homem honesto, eu respondi:

– Isso varia, mas me dê o mínimo e lhe informarei caso precisemos de mais.

Sem problema. Teríamos mantimentos suficientes.

A cota de cerveja precisava ser retirada diretamente na cervejaria local de Nuremberg. Obtive um carro do comando nazista, um jipe muito grande que tinha sido capturado pelo exército dos Estados Unidos.

Não me lembro de quantos barris eram autorizados para o consumo de 25 soldados, mas isso não importava; significava que seis soldados poderiam se divertir bastante. A cervejaria era enorme e não havia como eu pegar tanta cerveja sem ajuda. Descobri que eles entregavam barris em caminhões para todos os bares locais. Encontrei o mais próximo do nosso alojamento e fiz um acordo com o proprietário: eu instruiria a cervejaria a entregar meus barris lá, ele colocaria a cerveja em garrafas que seriam mantidas geladas até que eu as pegasse, e ele poderia ficar com a metade.

E foi assim que nasceu o Sistema Benny de Distribuição de Cerveja. Toda noite havia festa em Nuremberg. Estávamos aguardando o início dos julgamentos, a guerra terrível finalmente tinha terminado e nos sentíamos vitoriosos. Houve uma mudança nos códigos morais; não havia patrulhas sociais. Qualquer um que precisasse com urgência de algumas caixas de cerveja podia me telefonar. Depois que me convenci de que era do interesse do meu país atender à demanda, liguei para meu sócio no bar local e pedi que entregasse algumas caixas para qualquer pessoa que se identificasse pela senha "fui enviado por Benny".

Conquistei a reputação de ser um homem que operava milagres. Minha fama e minha popularidade em Nuremberg não vinham do fato de eu estar processando os maiores assassinos da história no menor intervalo de tempo possível, mas de minha misteriosa capacidade de fornecer cerveja ilimitada a todos os advogados e seus amigos.

~

Seja seu próprio herói. Nunca tive ídolos. Fui ao estádio Yankee e vi Babe Ruth fazer um *home run*. Todos ficaram muito empolgados com aquilo. Eu não. Vi que ele consegue rebater a bola mais forte do que qualquer um. E daí? Todos estamos tentando fazer nossos próprios *home runs*.

～

Esteja confortável. Sempre pareço um vagabundo; são meus trajes comuns. Chamo a gravata, o paletó e as calças chiques de minhas roupas de trabalho. Se você assistir a um programa de televisão no qual pareço muito respeitável, saiba que, geralmente, estou sentado aqui de meias brancas, calças largas e sem gravata.

～

Não se leve muito a sério. Tive a sorte de sair de onde saí e ter conseguido chegar aonde estou agora. Tenho muita consciência disso, portanto não reclamo de coisas pequenas. Não transforme um problema pequeno em um problema grande. Adapte-se às circunstâncias.

～

As melhores qualidades que uma pessoa pode ter são integridade, afeto e tolerância. Nunca faça nada de que você sinta vergonha.

Estou olhando para uma fotografia minha e de minha esposa na minha mesa. Está em um porta-retratos que tem a inscrição "para sempre". Levei essa foto nossa no meu bolso durante toda a guerra. Carregue aqueles que você ama aonde quer que você vá, mesmo que eles não estejam mais aqui. O amor é para sempre.

AGRADECIMENTOS

Gostaria de expressar minha gratidão a Nadia Khomami, jornalista e repórter do *The Guardian*, por seu tempo e seu empenho em gravar e transcrever as entrevistas que constituíram a base deste livro. Eu também gostaria de agradecer a Emily Barrett, editora no Little, Brown Book Group, por sua solicitude em tornar este livro realidade e por ter concebido a ideia de eu transmitir lições de vida para o público em geral no formato apresentado aqui.

Eu estaria sendo relapso se não agradecesse àqueles que estão lendo isto e que compartilham do meu interesse em criar um mundo mais humano sob o domínio da lei. A todos vocês, ofereço duas palavras de encorajamento: nunca desistam!

CONHEÇA OUTROS TÍTULOS DA EDITORA SEXTANTE

A bailarina de Auschwitz
Edith Eva Eger

A bailarina de Auschwitz é a história inspiradora e inesquecível de uma mulher que viveu os horrores da guerra e, décadas depois, encontrou no perdão a possibilidade de ajudar outras pessoas a se libertarem dos traumas do passado.

Edith Eger era uma bailarina de 16 anos quando o Exército alemão invadiu seu vilarejo na Hungria. Seus pais foram enviados à câmara de gás, mas ela e a irmã sobreviveram. Edith foi encontrada pelos soldados americanos em uma pilha de corpos dados como mortos.

Mesmo depois de tanto sofrimento e humilhação nas mãos dos nazistas, e após anos e anos tendo que lidar com as terríveis lembranças e a culpa, ela escolheu perdoá-los e seguir vivendo com alegria. Já adulta e mãe de família, resolveu cursar psicologia.

Hoje ela trata pacientes que também lutam contra o transtorno de estresse pós-traumático e já transformou a vida de veteranos de guerra, mulheres vítimas de violência doméstica e tantos outros que, como ela, precisaram enfrentar a dor e reconstruir a própria vida.

Este é um relato emocionante de suas memórias e de casos reais de pessoas que ela ajudou. Uma lição de resiliência e superação, em que Edith nos ensina que todos nós podemos escapar à prisão da nossa própria mente e encontrar a liberdade, não importam as circunstâncias.

A última grande lição
Mitch Albom

Cada um de nós teve na juventude uma figura especial que, com paciência, afeto e sabedoria, nos ajudou a escolher caminhos e olhar o mundo sob uma perspectiva diferente. Talvez tenha sido um avô, um professor ou um amigo da família – uma pessoa mais velha que nos compreendeu quando éramos jovens, inquietos e inseguros.

Para Mitch Albom, essa pessoa foi Morrie Schwartz, seu professor na faculdade. Vinte anos depois, eles se reencontraram quando o velho mestre estava à beira da morte. Com o contato e a afeição restabelecidos, Mitch passou a visitar Morrie todas as terças-feiras, tentando sorver seus últimos ensinamentos.

Durante 14 encontros, eles trataram de temas fundamentais para a felicidade e a realização humana. Através das ágeis mãos de Mitch e do bondoso coração de Morrie nasceu *A última grande lição*, que nos transmite maravilhosas reflexões sobre amor, amizade, medo, perdão e morte.

Com mais de 15 milhões de exemplares vendidos, este livro foi o último desejo de Morrie e sua última grande lição: deixar uma profunda mensagem sobre o sentido da vida. Transmitida com o esmero de um aluno dedicado, esta comovente história real é uma verdadeira dádiva para o mundo.

Para saber mais sobre os títulos e autores da Editora Sextante,
visite o nosso site e siga as nossas redes sociais.
Além de informações sobre os próximos lançamentos,
você terá acesso a conteúdos exclusivos
e poderá participar de promoções e sorteios.

sextante.com.br